心理学のための統計学入門

川端一光
荘島宏二郎

ココロのデータ分析

心理学のための統計学 1

誠信書房

シリーズまえがき

◆ ラインアップ

「心理学のための統計学」シリーズは，心理学において必要な統計手法を広くカバーするべく用意いたしました。現在のところ，本シリーズは，以下のようなラインアップとなっています。

巻号	タイトル	主な内容
第1巻	心理学のための統計学入門 —— ココロのデータ分析	記述統計量・相関係数・正規分布・統計的仮説検定・z検定
第2巻	実験心理学のための統計学 —— t検定と分散分析	t検定・一要因分散分析・二要因分散分析
第3巻	社会心理学のための統計学 —— 心理尺度の構成と分析	因子分析・重回帰分析・階層的重回帰分析・共分散分析・媒介分析
第4巻	教育心理学のための統計学 —— テストでココロをはかる	信頼性係数・項目反応理論・マルチレベル分析・適性処遇交互作用
第5巻	臨床心理学のための統計学 —— 心理臨床のデータ分析	メタ分析・例数設計・検定力分析・ROC曲線
第6巻	パーソナリティ心理学のための統計学 —— 構造方程式モデリング	確認的因子分析・パス解析・構造方程式モデリング（共分散構造分析）・信頼性・妥当性
第7巻	発達心理学のための統計学 —— 縦断データの分析	縦断データ解析・欠測データ・潜在成長モデル
第8巻	消費者心理学のための統計学 —— 市場調査と新商品開発	クラスター分析・コレスポンデンス分析・ロジスティック回帰分析
第9巻	犯罪心理学のための統計学 —— 犯人のココロをさぐる	多次元尺度法・決定木・ナイーブベイズ・ブートストラップ・数量化理論・生存時間分析・地理空間分析

◆ コンセプト

各巻は，個別心理学のストーリーに寄り添いながら，統計手法を勉強するつくりになっています。たとえば，『社会心理学のための統計学』では，「態度」や「対人認知」など社会心理学における重要な概念を学びつつ，統計手法を抱き合わせで解説しています。

効率性を重視したならば，これほどの巻数を必要とせずに少ない巻数で統計学を学習することができるでしょう。しかし，**本シリーズは，個別心理学のストーリーを最優先にして，個別心理学の文脈の中で統計学を学ぶというスタンスをとっています**。心理の学生には，このようなコンセプトのほうが学習効果が高いと願ってのことです。

ただし，各巻は，個別心理学でよく用いられる統計手法を優先的に取り上げていますが，たとえば『社会心理学の統計学』を学べば，社会心理学に必要な統計手法がすべて網羅されているわけではありません。統計手法は，各巻でなるべく重複しないように配置しています。また，巻号が後ろになるほど高度な内容になっています。したがって，意欲的な読者は，自分の専門でない心理学分野で頻用される統計手法についても学習を進めることをお勧めします。

◆ 読者層

　おおむね第1〜5巻は学部生を対象に，第6巻以降は大学院生を対象と考えています。

◆ 構成

　各巻は，おおむね7章構成となっており，各章はおよそ授業1コマで教える内容量となっています。つまり，2巻で半期（半年）の分量となっています。

◆ 伴走サイト

　以下に，URLで伴走サイト（accompanying site）を用意しています。ここには，本書で用いたデータ，分析のためのソフトウェアプログラム，授業のパワーポイント教材（教員向け），Quizの解答などが置いてあります。どうぞご自由にお使いください。
http://shojima.starfree.jp/psychometrics/

◆ 家族へ

　このたび，シリーズ最初の巻を上梓することができました。妻の幸子と娘の佐綾に絶え間なく勇気づけられました。大切な二人に感謝します。

◆ 最後に

　本シリーズが皆さまの学習を促進し，よりよい成果を導くことを願っています。また，本シリーズを上梓するうえで，誠信書房の松山由理子様と中澤美穂様に多大なお世話になりました。この場をもちまして厚くお礼申し上げます。

2014年7月

シリーズ編者　荘島 宏二郎

まえがき

◆ 本書の説明

　本書は，これから心理学を本格的に学ぼうという読者の皆さんを想定して執筆した心理統計学の入門書です。まずはページをパラパラとめくって全体を眺めてみてください。統計の教科書ですが，数式はほとんど出てきません。中学1年ぐらいの数学の知識と日本語の読解力さえあれば，ほぼ読み解けるように工夫しました。数式を使わないぶん，各統計手法について，読者の皆さん一人ひとりを前に，ゆっくりとていねいに，言葉で語りかけるつもりで執筆しました。文章が部分的に口語的なのはそのためです。本書には他に，次のような特長があります。

　数式は原則使わないようにしましたが，伝えるべき統計の知識についてレベルを落とさないことを心がけました。この本を通じての読者の皆さんとの出会いは，単なる「統計的エンターテイメント」で終わらせるのにはもったいない機会だと考えています。全7章中，最初の第6章までをきちんと読了すれば，「推定」と「検定」という心理学研究における必修の統計手法について，その基礎的理論がしっかり身につきます。本シリーズ第2巻以降の内容の理解にも助けになります。

　質問コーナーでは，実際に大学の授業後に質問されることの多い話題を集めています。同様の疑問をもつ皆さんもいらっしゃると思いますので，是非，ご参照ください。

　他の専門書では，自明として語られていないけれども，初学者にはわかりづらいと思われる点について，ていねいに解説してみました。標準化の意味，確率分布と経験分布（ヒストグラム）の区別，帰無分布の成り立ち，有意確率の意味づけなど，著者が学部生のころから「もっとていねいな説明があればいいな」と思っていたことを取り上げています。

　初学者の皆さんに何を優先して伝えるべきか，著者間で相当の時間をかけて議論しました。また，著者の統計的な「趣味」や「こだわり」を極力排除しました（あえていえば，そこにこだわりました）。これから学習する皆さんにとってのわかりやすさを，第一に考えています。ですから，きっと，短時間で，効率的に学習を進めることができるでしょう。

　読者の皆さんにとってのわかりやすさを優先したために，より専門的な教科書に比べて説明の抽象度が高い部分や，説明が物足りない部分があると思います。たとえば，推測統計で最も重要な概念といっても過言ではない第5章の「標本分布」については，詳細に説明しようと思えばいくらでも掘り下げられる内容で，「統計学の真の面白さ」の大部分が詰まっているのですが，心理学研究の実践において必要とされる統計知識とは何かを熟慮したうえで，説明を割愛

しています。その点が著者の心残りですが，また別の機会にお話できることを楽しみにしています。

◆ 謝辞

　本書の執筆にあたり，南風原朝和先生の『心理統計学の基礎：統合的理解のために』（有斐閣），吉田寿夫先生の『本当にわかりやすいすごく大切なことが書いてあるごく初歩の統計の本』（北大路書房），豊田秀樹先生の『調査法講義』（朝倉書店），山田剛史先生・村井潤一郎先生の『よくわかる心理統計』（ミネルヴァ書房），を主に参考にさせていただきました。学部時代に入手したこれらの書籍は，何度も読み返し，書き込みを加えていった結果，今ではすっかり装丁がボロボロになってしまいました。しかし，生涯，手放すことはないと思います。

　執筆の過程では，様々な方にご助力いただきました。

　まず，誠信書房の松山由理子様，中澤美穂様には，長期間にわたって編集・校正作業をご担当いただきました。ご尽力に感謝申し上げます。

　岡山大学の山田剛史先生と，文京学院大学の村井潤一郎先生には，2.3.4 項の執筆にあたり『よくわかる心理統計』の説明を直接参考にすることについてご許可をいただきました。また，分布表の表示形式や専門用語の和訳等も参考にさせていただきました。この場を借りて御礼申し上げます。

　筑波大学大学院の尾崎幸謙先生には 1.1.1 項に関して，早稲田大学の中村健太郎先生には 2.4.1 項に関して，執筆のアイデアをいただきました。いつも素敵なアドバイスをくださり感謝しております。

　草稿を読んで難易度チェックをしてくださった，明治学院大学心理学部の学部生の皆さん，そして院生の皆さん，本当にありがとうございました。皆さんのフィードバックは大変心強かったです。

　共著者であり編者である大学入試センターの荘島宏二郎先生には，執筆過程を力強く支えていただきました。迷いなく最後まで書ききることができたのは，原稿に対する荘島先生の熱いコメントがあったからです。本当にありがとうございました。

　最後に，これまでいろいろな場所で，著者（川端）の授業を受けてくださった大学，専門学校の学生さん，あるいは元学生さん。皆さんが授業後に熱心に質問に来てくれて，それに対して，なるべく平易にと，あれこれ苦心しながらお返事した経験が，結局，この本のオリジナリティになりました。私も「教え手」として育てられていたのですね。どうもありがとうございました。社会人になっているかもしれないし，研究者になっているかもしれませんが，いつか研究室に遊びに来てください。

　　2014 年 7 月

　　　　　　　　　　　　　　　　　　　　　　　　　　　第 1 著者　　川 端　一 光

目　次

シリーズまえがき……iii
まえがき……v

第1章　学力調査で学ぶ心理データの測定・分類法——4つの尺度　　1

1.1　心理学なのになぜ統計学が必要か……1
　　1.1.1　心を数値に置き換える　1　　1.1.2　心理学者が目指すもの　3
　　1.1.3　統計学が必要な理由　5
1.2　調査データの実際……6
　　1.2.1　データ行列，変数，分布　6
1.3　測定と尺度……8
1.4　尺度の4分類……9
　　1.4.1　名義尺度　10　　1.4.2　順序尺度　10　　1.4.3　間隔尺度（1）　11
　　1.4.4　間隔尺度（2）　12　　1.4.5　比率尺度　13
1.5　測定値間に許される計算……14
1.6　心理学における間隔尺度……15
Quiz……17

第2章　性格の個人差を把握する——1変数分布の要約　　19

2.1　ビッグファイブのデータ行列……19
2.2　図表によって分布をまとめる……20
　　2.2.1　度数分布表　21　　2.2.2　棒グラフと離散変数　21
　　2.2.3　ヒストグラムと連続変数　22　　2.2.4　折れ線グラフ　23

2.3 分布の中心はどこか……23

2.3.1 平均値(mean) 23 　2.3.2 中央値(median) 24 　2.3.3 最頻値(mode) 24
2.3.4 代表値の抵抗性 24

2.4 データの散らばりを評価する……26

2.4.1 分散と分布の対応 26 　2.4.2 分散の求め方 27
2.4.3 標準偏差(SD)の求め方 29 　2.4.4 分散と標準偏差(SD)の解釈について 29

2.5 代表値・散布度を利用して結果を解釈する……30

2.5.1 個人差の指標としての標準偏差 31 　2.5.2 中央値の使いどころ 32

Quiz……34

第3章 心理尺度の得点を解釈する —— 標準化と正規分布　　36

3.1 個人を最も特徴づける性格とは —— 集団内での位置……36

3.2 z 得点と標準化……37

3.3 偏差値で考える……38

3.4 標準得点を有効活用する……40

3.4.1 正規分布 40 　3.4.2 標準正規分布による標準得点の意味づけ 42

Quiz……45

第4章 職場環境とストレスの関係を把握する —— 多変数の関係性の分析　　47

4.1 メンタルヘルス・データ……47

4.2 相関と散布図……48

4.2.1 正の相関 48 　4.2.2 負の相関 49 　4.2.3 無相関 49

4.3 共分散による相関の数的表現……50

4.3.1 「右上がり」の散布図をていねいに眺める 50 　4.3.2 共分散の求め方 51
4.3.3 偏差の積の意味 52 　4.3.4 共分散が0になる場合 52

4.4 共分散の欠点と相関係数による克服……52

4.4.1 共分散は単位に依存する 52 　4.4.2 相関係数 53

4.5 相関係数の解釈……54

 4.5.1 散布図と相関係数の対応 *54* 4.5.2 相関係数の解釈における留意点 *55*

 4.5.3 疑似相関と偏相関係数 *57*

4.6 連関……58

 4.6.1 クロス集計表と連関 *59* 4.6.2 連関の解釈における留意点 *60*

Quiz……**62**

第5章 発達検査の精度を知る —— 推測統計の基礎知識　64

5.1 架空の発達検査 KSAT の概要……64

 5.1.1 D 君の受検結果 *64*

5.2 KSAT の診断基準と基準集団……65

5.3 検査の基準集団に求められること……66

 5.3.1 母集団と標本 *66* 5.3.2 標本抽出法 *67*

5.4 5 歳児全体の分布を推測する……68

 5.4.1 母集団の得点分布 *68* 5.4.2 推測統計と記述統計 *68*

5.5 母集団分布を予測する —— 母平均の推定……69

 5.5.1 母数とは *69* 5.5.2 標本平均によって母平均を推測する *70*

5.6 標本平均は分布する……71

 5.6.1 標本平均の標本分布 *71* 5.6.2 標本平均の不偏性 *72*

 5.6.3 標本平均の標準誤差 *73* 5.6.4 標本平均の標準誤差の解釈 *73*

5.7 母集団分布を予測する —— 母分散の推定……75

5.8 KSAT の診断基準の精度を求める……76

Quiz……**78**

第6章 異文化への適応を評価する —— 1 つの平均値の検定　80

6.1 アメリカに居住する日本人の意識調査……80

6.2 推定と検定の違い……81

6.3 仮説と検定の種類 …… 82

6.4 対立仮説の正しさを示す「証拠」…… 84

    6.4.1 証拠としての標本平均　*84*　　6.4.2 信憑性評価のための準備　*84*

6.5 証拠の信憑性を評価する …… 85

    6.5.1 証拠の信憑性＝レア度　*85*　　6.5.2 有意確率と有意水準　*86*

    6.5.3 有意差　*86*

6.6 1つの平均値の z 検定 —— 片側検定 …… 87

6.7 1つの平均値の z 検定 —— 両側検定 …… 88

6.8 棄却域と臨界値 …… 89

6.9 検定における推測の誤差 …… 90

    6.9.1 第1種の誤り　*90*　　6.9.2 第2種の誤り　*91*

6.10 検定結果の解釈における留意点 …… 91

    6.10.1 有意水準と標本サイズの関係　*91*　　6.10.2 β との関係　*92*

6.11 1つの平均値の t 検定 …… 93

    6.11.1 母標準偏差が未知のとき　*93*

    6.11.2 t 分布表の使い方　*95*

Quiz …… 97

第7章　心理学論文を読むために —— パーセンタイル，χ^2 検定，信頼区間など　　99

7.1 四分位数とパーセンタイル …… 99

7.2 四分位範囲と箱ヒゲ図 …… 100

7.3 歪度と尖度 …… 102

    7.3.1 歪度　*102*　　7.3.2 尖度　*102*

7.4 偏相関係数 …… 103

7.5 連関係数 …… 104

    7.5.1 期待度数　*104*　　7.5.2 χ^2 値　*105*　　7.5.3 クラメールの連関係数　*106*

7.6 相関と連関の検定 …… 107

    7.6.1 相関係数の検定　*107*　　7.6.2 連関係数の検定 —— χ^2 検定　*108*

7.7 比率を推定する……110

 7.7.1 標本比率 *110* 7.7.2 標本比率の標準誤差 *110*

7.8 母平均の区間推定……111

 7.8.1 標本平均が出現する確率 *112* 7.8.2 95％信頼区間 *112*

 7.8.3 信頼区間の解釈 *114* 7.8.4 母標準偏差が未知のときの信頼区間 *115*

Quiz ……**117**

付　録

1. 標準正規分布表……120

2. *t* 分布表……122

3. χ^2 分布表（片側検定の臨界値）……123

各章の Quiz の解答……124

索引……*126*

第1章 学力調査で学ぶ心理データの測定・分類法——4つの尺度

本章では学力調査を例に，心理学で統計学が用いられる理由や，心理データの測定・分類法について要点を解説します[*1]。

1.1 心理学なのになぜ統計学が必要か

統計学が必要であるということは，数値を取り扱うということでもあります。ここでは，最初に，なぜ「心」の研究に数値が必要になるのかというところから，説明したいと思います。

1.1.1 心を数値に置き換える

そもそも，目に見えない「心」を研究することは可能なのでしょうか。最先端の科学をもってしても「心」の所在はいまだ謎のままで，物理的な存在なのか，あるいはそれ以外の存在なのか，よくわかっていません。そういうつかみどころのない存在である「心」なのですが，大変興味深いことに，その実在を疑う人はまずいません。それは「心」が存在するということについて万人が納得しているからです。この万人の納得があるからこそ，これを研究する心理学は社会的に認められた学問になっています。

私たちが研究しようとしている「心」とは，それがどういう存在なのかよくわからないのにその実在が認められている，そういう特殊な現象です。そして，特殊であるがゆえに，研究の仕方にも少し工夫が必要になっています。ここでは，「心」のひとつの機能として学力を例に，この工夫について考えてみたいと思います。当然ですが，学力は，物理的現象ではありません。学力を見た，聞いた，触ったという人はいませんよね。心理学者は学力のような「心」の機能を心理的現象と呼んでいます。

あなたが，ある大学の入試担当者になったとします。5,000人の受験者のなかから，入学を許可するに足る学力の保持者を選抜しなければなりません。どのような方法で選抜を行いますか。おそらくいろいろな意見が出ると思いますが，次の2つのステップを考える人が多いのではないでしょうか。

---

*1 本章のデータ例はすべて架空のものです。第2章以降も同様です。

> **ステップ1**
> 受験者の外見からは学力はわからないので，マークシートによる客観式試験や小論文，あるいは面接試験を実施し，それらの試験で受験者に観察可能なパフォーマンス（解答行動）をさせる。

> **ステップ2**
> 次に，観察されたパフォーマンス（解答行動）を採点し，数値に置き換える。たとえば，マークシート形式の試験ならば，正答なら1，誤答なら0のように，あるいは面接試験で，受け答えが良ければ5点，並みならば3点，悪ければ1点というように，特定のルールに従って数値を割り振る。

得られた数値は，目に見えない学力の指標として，その後，合否判定の判断に利用できます。もちろん，作成された試験が妥当でなければ，試験の得点が学力を表さなくなりますから，完璧か，それに近い試験が用意できる，という前提が暗に置かれています。

数値が学力を妥当に表現しており，たとえば，得点が高ければ学力が高いといえるのであれば，入学者の選抜はそこではじめて達成可能となります。A君の入試得点が300点，B君の入試の得点が500点であったならば目に見えない学力について，B君の学力のほうが高いと，数値に基づいて判断できます。5,000人もの受験者がいても，数値に基づいて同様の判断ができます。

このように，心理的現象を数値に置き換えることで，目に見えないものについて効率的かつ，客観的に議論できるようになります。

さて，図1-1は心理的現象を研究するための工夫を表したものです。繰り返しになりますが，学力のような心理的現象は目に見えません。そこで，観察可能なパフォーマンスから，心のありようを推察します。このパフォーマンスは客観的ルールに則って数値化されます。このパフォーマンスを介した数値によって，私たちは心理的現象について，間接的に議論できるようになるのです。

これまでにパフォーマンスという言葉を使っていますが，心理学では**行動（behavior）**という専門用語を使います。あなたが研究したい「心」が現れる観察可能な人間の動きは，すべて行動となりえます。心理アンケートへの回答や，学力テストへの解答，会話中の視線，購買行

図1-1　心理的現象を数値化する過程

動（いつ，どこで，商品を何個購入したか）といったようなことは，心理学では行動として頻繁に登場します。

以上，説明してきたことを短くまとめると次のようになります。心理学者は「心」について研究したいけれど，目に見えないから，「心」が現れる観察可能な行動を選びます。そして，その行動を数値化する，つまり，以下のような工夫をするわけです。

心 → 行動 → 数値

これが，「心」を研究するのに数値が必要な理由です。数値となった「心」は，科学的分析がしやすくなります。それでは次に，心理学者が何を目指して研究するかについて説明します。

1.1.2 心理学者が目指すもの

たとえば，あなたは教育心理を研究している学者で，「日本の高校生について，自習時間が長いほど学力は高くなる」という仮説を立てたとします。この仮説が正しいかについて，次の3つの調査で考えてみましょう。

> **調査 1**
> 誠信高校に通う川端君と荘島君から，自習時間と学力テストの得点を収集しました。2人の勉強前の学力は全く同じレベルです。この2人の1週間の自習時間の合計と学力テストの得点は，川端君が自習時間30時間でテスト得点は50点，荘島君が自習時間40時間でテスト得点は85点でした。

さて，自習時間が長い荘島君のテスト得点のほうが高いので，この結果から，自習時間が長いほど学力は高くなる，と結論を出してもよいでしょうか。

おそらく皆さんは，この結論に納得しないと思います。たとえば，最初に立てた「自習時間が長いほど学力は高くなる」という研究仮説は，たまたまこの2人には当てはまるかもしれないけれど，もっと大勢の生徒からデータを集められたら，この仮説を否定するデータが出てくるかもしれません。つまりこの調査結果からは，「川端君と荘島君に関しては，自習時間が長いほど学力は高くなる」というように，2人の生徒に限定した結論しか導けません（図1-2）。

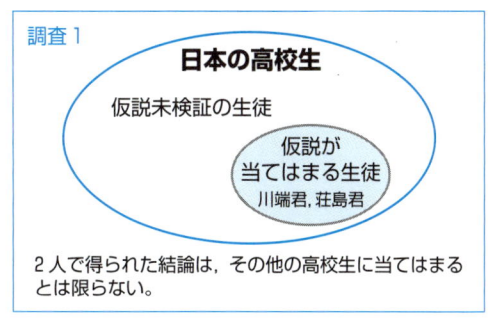

図1-2 調査1の概念図

調査2

次に，誠信高校の3年4組の生徒40人に対して，同じ調査を行ったとします。今度はデータ数が多かったためか，「自習時間が長いほど学力は高くなる」という仮説に反する生徒が1人出てきました。

この人数（1名）は，クラス全体の2.5％にあたります。この生徒は1週間の自習時間が10分なのにテスト得点は満点という，いわゆる「天才肌」の子でした。しかし，ほかの39人のデータは仮説に沿っていました。では，この調査結果から，自習時間が長いほど学力は高くなると結論を出してもよいでしょうか。

この調査は調査1に比べるとデータ数も多いので，研究仮説が正しいと結論を出しやすくなりました。たしかに，仮説を否定する天才肌の生徒1人のデータもありますが，そういうデータはあくまでも例外であって，その他97.5％のデータで仮説どおりの結果が出たなら問題ないだろう，という判断ができます。ただ，この調査はこのクラスでのみ行ったものなので，厳密にいえば誠信高校の3年4組の生徒に関しては，「自習時間が長いほど学力が高くなる」というように，調査1と同じように限定された結論になるでしょう（図1-3）。

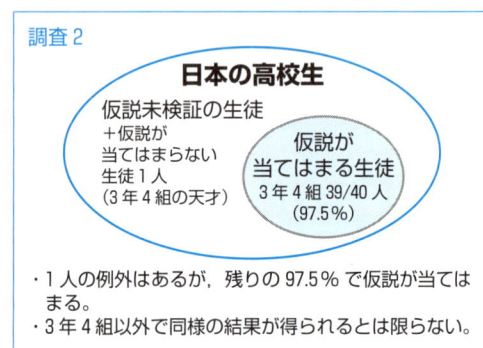

図1-3　調査2の概念図

調査3

最後にもっと調査規模を大きくして，関東の高校生すべてからデータを集めたとします。その結果，やはり97.5％の生徒については仮説が当てはまっていました。

細かいことを言い出せば，中部や東北の高校からもデータを集めなければならない，といった意見もあるかもしれませんが，ここまで大規模なデータがそろえば，「自習時間が長いほど学力は高くなる」と結論を出したとしても，ほとんどの人は納得すると思います。こうして，最初の仮説は，学力に関する確立した法則として，世界中の研究者に共有されることになります（図1-4，1-5）。

さて，以上3つの調査の大きな違いは2点あります。1点めは調査対象の数ですが，これはすぐにわかるでしょう。では，調査対象

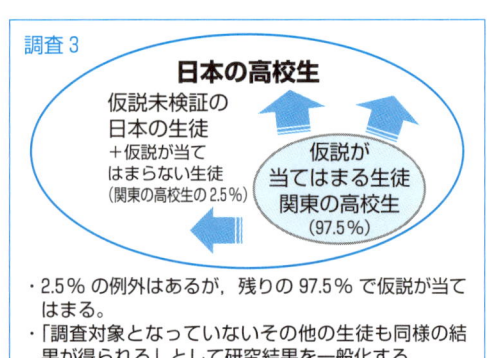

図1-4　調査3の概念図

の数が異なることで，研究結果にはどのような違いが生まれたのでしょうか。

調査 1～3 の順に，「研究結果が皆に当てはまる」と言いやすくなっていると思います。「研究結果が皆に当てはまるか」ということを，専門的には研究結果の一般性と呼びます。この 3 つの調査は「研究結果の一般性」という点で，大きな違いがあります。もちろん，この「一般性」とは，「すべての人に当てはまる」ということを意味しているのではなくて，「一部の例外はあるものの多くの人に当てはまる」という性質のものです。

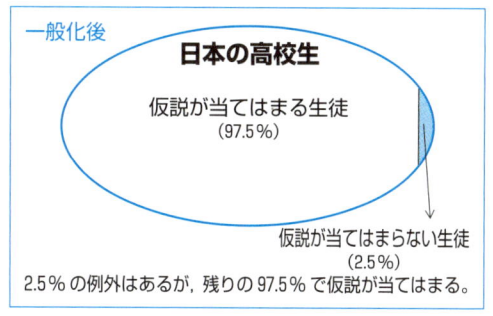

図 1-5　調査 3 は一般化できる

心理学者が目指すのは，調査 3 の結論です。つまり，「人間一般」のような多くの人に当てはまる心理現象の法則です。たった 2 人の生徒や，特定のクラスのみにしか当てはまらないような一般性のない法則には，興味がありません。

1.1.3　統計学が必要な理由

前項の調査 3 を実施しようとすると，非常に多くの調査対象（生徒）から自習時間やテスト得点のデータを集め，これを調査目的に合わせて集計・分析する必要があります。

OECD（経済協力開発機構）が実施している国際学力調査 PISA（Programme for International Student Assessment）では，全世界の約 50 万人の高校生に対して学力テストと，学習に関するアンケート調査をしています。この調査で得られた貴重なデータは Web 上で公開されており（たとえば http://pisa2012.acer.edu.au/），世界中の教育学者や教育心理学者はこのデータをそれぞれの研究に役立てています。

50 万人分の膨大なデータを集計・分析するためには，それ相応の統計的知識が必要になります。50 万人のデータが収められた電子ファイルの中身をのぞいてみると，そこには広大なデータの海が広がっています。このデータの海を俯瞰（高所から見下ろ）しても，知りたい情報は全く見えてきません。逆に，データを 1 つ 1 つ細かく見ていこうとしても，データ数が多すぎるためカーソルを 1 行 1 行移動し最終行まで到達することすら大変です。

統計学を正しく使えば，たとえば，手元にある 50 万人の学力テストの得点と勉強時間との間にどのような関係があるかについて，図や表，そしてさまざまな統計指標を使って非常に簡潔に説明できるようになります。手元にある大量のデータの特徴を簡潔に把握することを目的として考案され，進化してきたのが記述統計（descriptive statistics）という学問です。本書の第 1～4 章は記述統計学に関して，心理学での典型的利用例を想定しながら説明しています。

ところで PISA のような大規模調査は，容易には実施できません。個人では不可能な調査です。5,000 人を調査対象とするレベルでも，個人での実施は難しいでしょう。大学の卒業研究

ならば，400人ぐらいを調査対象としていればかなり頑張っているほうだといえます。

私たちは調査3のように一般性のある結論を目指したいわけですが，はたして数百人程度のデータから，そのような結論を導きだせるのでしょうか。大学の卒業研究には意味がないのでしょうか。

そうではありません。手元にない大量のデータの特徴を，手元にある少量のデータを使って推測することも，統計学が得意とするところです。このような統計学を **推測統計（inferential statistics）** と呼びます。本書の第5章と第6章は推測統計について，やはり心理学での適用を想定しながら説明しています。

これまでの説明をまとめると，心理学に統計学が必要な理由とは，それを正しく用いることで，次の2点が可能になるからです。

(1) 大量のデータを認識可能なレベルまで情報圧縮し，データ全体の特徴を効率よくまとめることで，一般性の高い研究結果を得ることができる。
(2) 少量のデータから大量のデータの特徴を推測し，一般性の高い研究結果を得ることができる。

このように，「心」を数値として表現することから始めると，統計学を用いて，本格的な心理学研究が行えるようになります。

1.2 調査データの実際

1.2.1 データ行列，変数，分布

学力に関する調査を実施するとき，調査対象者からさまざまなデータを集めます。

表1-1は，誠信高校夜間部3年2組の生徒36人から得られたデータです。統計処理を行う

質問コーナー

表1-1の行数には，変数名の行も含まれますか？

データ行列の行数には変数名の行は含めないのが一般的です。行数はあくまでも調査対象者の数，列数は変数の数となることに注意してください（表の形式によっては，行に変数，列に調査対象を配置する場合もあります）。ちなみに，行数と列数の組み合わせでできる条件を，**セル（cell）** と呼びます。たとえば，3番目の調査対象の5番目の変数（質問B）の回答が収められているセルの得点は，「1」になっています。心理学では，データ行列上の数値を説明するときに，このセルという表現が頻繁に使われるので併せて覚えておいてください。

表1-1 誠信高校夜間部3年2組の学力調査のデータ行列

学籍番号	生年(西暦)	性別	質問A	質問B	質問C	合計点	自習時間	テスト	順位
13001	1977	0	3	4	3	10	32	41	19
13002	1986	0	4	4	4	12	50	68	4
13003	1995	0	2	1	3	6	81	84	2
13004	1989	1	1	1	1	3	28	53	9
13005	1978	0	3	4	4	11	39	49	11
13006	1990	1	5	4	4	13	49	48	12
13007	1992	0	3	3	3	9	60	66	5
13008	1994	1	5	4	4	13	10	20	32
13009	1976	1	1	2	2	5	5	23	29
13010	1967	1	3	2	1	6	8	15	33
13011	1980	1	4	4	4	12	12	21	31
13012	1993	0	3	2	3	8	33	40	20
13013	1989	0	4	5	5	14	10	25	27
13014	1979	1	1	3	3	7	23	34	23
13015	1992	0	1	2	2	5	1	0	36
13016	1999	1	2	2	2	6	3	13	35
13017	1940	0	5	5	5	15	32	42	18
13018	1975	0	3	4	3	10	30	35	22
13019	1989	0	4	3	1	8	28	44	16
13020	1976	1	3	4	3	10	12	14	34
13021	1991	0	1	3	2	6	40	57	8
13022	1989	1	2	5	5	12	54	58	7
13023	1979	1	4	5	4	13	23	24	28
13024	1980	1	3	4	3	10	12	22	30
13025	1991	0	3	2	3	8	30	30	24
13026	1998	0	4	3	4	11	44	36	21
13027	1969	0	4	3	3	10	78	76	3
13028	1982	0	3	2	1	6	30	29	25
13029	1985	0	3	4	3	10	43	43	17
13030	1988	0	3	2	2	7	23	45	15
13031	1992	1	1	1	1	3	41	47	13
13032	1983	0	5	4	5	14	44	50	10
13033	1979	0	4	5	4	13	90	100	1
13034	1992	1	4	3	3	10	32	46	14
13035	1989	0	1	2	1	4	23	28	26
13036	1993	0	3	2	3	8	43	59	6

　前のデータのすべてを，**データ行列（data matrix）**と呼びます。データ行列には通常，**行（row）**に調査対象者を，**列（column）**に調査項目を置きます。行と列の区別がわかりにくければ，行は横（横行），列は縦（縦列）と覚えておいてください。

　表1-1には，36人の調査対象者（行）と，「学籍番号」「生年（西暦）」「性別」「質問A」「質問B」「質問C」「合計点」「自習時間」「テスト」「順位」の10項目（列）があります。「質問A」「質問B」「質問C」の列の数値は，勉強への動機づけに関する質問での得点で，「合計点」

の数値はA〜C項目の合計点です（なお，「質問A」「質問B」「質問C」の詳しい内容は後ほど説明します）。「自習時間」列には1週間の自習時間の総計が，「テスト」列には学力テストの得点（100点満点）が，「順位」列には「テスト」の得点によるクラス内の順位が記載されています。

この10項目は見てのとおり，調査対象者によって数値が異なっています。このように調査対象者ごとに得られた値が変化するものを，**変数（variable）** と呼びます。つまりこのデータ行列には，36人について，10変数の情報が収められていることになります。

変数の内容が人によってさまざまな値をとっている様子を，**分布（distribution）** と呼びます。たとえば，表1-1の「生年（西暦）」を見ると，夜間部のクラスなので1940〜1999年の範囲でさまざまな値をとっていますが，その様子がまさに分布です。この分布は，データ行列のままでは解釈（何が読み取れるのか）がしにくいので，統計学を利用して集計する必要があるのです。

1.3　測定と尺度

表1-1の10変数の内容は，図1-6の質問紙から収集しました。**アンケート（enquete）** とはフランス語で「質問調査」を意味しますが，心理学の世界では，アンケート用紙のことを**質問紙（questionnaire）** と呼ぶことが慣例になっています。本書でもこれにならって，以降は「質問紙」ということにします。

「学籍番号」「生年（西暦）」は空欄になっており，調査対象者がそれぞれ自分の情報を記入します。「性別」では当てはまる番号を選択します。「勉強への動機づけに関する質問A〜C」については，それぞれの質問に対する心理状態を表現した5つの選択肢のなかから，最も自分に当てはまる番号を1つだけ選択します。「自習時間とテスト得点に関する質問」では，「1週間の自習時間」「テスト得点」「クラス順位」をそれぞれ記入します。

各質問項目を通じて，個人から何らかのルールに従って数値を収集していますが，このことを心理学では，**測定（measurement）** と呼びます。測定された数値を**測定値**（あるいは**データ**）と呼びます。図1-6の質問紙では，各生徒について9回の測定を行っていることになります。

測定にはある一定のルールがあります。このルールを**尺度（scale）** と呼びます。尺度は「ものさし」という意味です。たとえば，「あなたは勉強に対して意欲が高いですか？　当てはまる番号に1つだけ◯をつけてください」という項目は，個人の勉強に対する意欲の度合いを，1〜5までの数値によって測定する尺度（ものさし）になっています。また，「あなたの学籍番号を記入してください」という項目も，学籍番号を測定する尺度（ものさし）と考えることができます。尺度にはさまざまなバリエーションがあります。このバリエーションを理解することが，統計学を用いた心理学を学ぶ第一歩です。

自習時間と学力に関する質問紙

あなたの学籍番号を記入してください　　　　　[　　　　　]
あなたの生年を西暦で記入してください　　　　[　　　　　] 年
あなたの性別（番号）に○をつけてください　　[0. 男　　1. 女]

【勉強の動機づけに関する質問】

【質問 A】あなたは勉強に対して意欲が高いですか？　当てはまる番号に1つだけ○をつけてください。

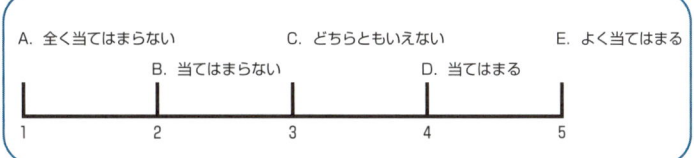

【質問 B】あなたは親に言われなくても自習しますか？　当てはまる番号に1つだけ○をつけてください。

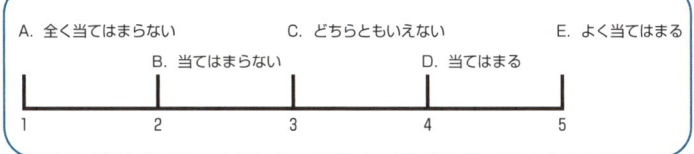

【質問 C】あなたの友達は自習していますか？　当てはまる番号に1つだけ○をつけてください。

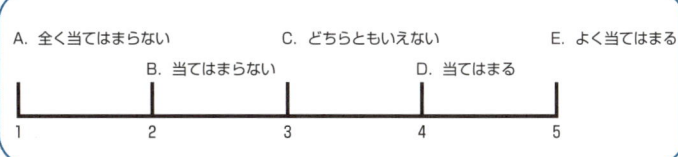

【自習時間とテスト得点に関する質問】

・1週間の自習時間を記入してください　　　　[　　　] 時間
・テスト得点を記入してください　　　　　　　[　　　] 点
・テスト得点のクラス順位を記入してください　[　　　] 位

図 1-6　質問紙の例 (*2)

1.4 尺度の4分類

尺度のバリエーションについて多くの人が納得するかたちでまとめたのが，アメリカの心理学者，スタンレー・スティーブンスです。スティーブンスは尺度を，**名義尺度（nominal scale）**，**順序尺度（ordinal scale）**，**間隔尺度（interval scale）**，**比率尺度（ratio scale）** の4つに分類しました。本節ではこの4つの尺度について解説していきます。

---

*2　質問紙の作成法にもさまざまな注意点があります。図1-6に示した例は説明のために簡略化してあり，実際の調査で利用するものとは異なります。

1.4.1　名義尺度

表1-1に「学籍番号」という変数がありました。この変数は、「あなたの学籍番号を記入してください」という尺度（名義尺度）で測定しました。この尺度によって得られる学籍番号は、「13016」といった5桁の数値です。では、この数値は、生徒に関するどのような情報をもっていると考えられるでしょうか。

一般的に学籍番号は、生徒の姓名を五十音順に並べて番号を付けるようですが、誠信高校ではランダムに学籍番号が割り当てられています。そうすると、この学籍番号は生徒の区別だけに利用されるいわば「背番号」であって、数値の大小には全く意味がありません。たとえば、学籍番号「13016」と「13018」では、「13018」の学生のほうが何らかの観点で優れているとか、大きいということではありません。つまり名義尺度とは、測定対象（ここでは生徒）の区別のみに利用できる数値を割り当てる尺度のことです。

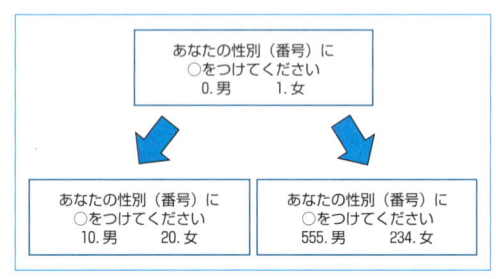

図1-7　名義尺度の例（名義尺度に割り当てられる数値は任意）

図1-7に名義尺度の例を挙げました。図内上部の1つの尺度は下部の2つの尺度に変換することができますが、生徒に関する情報は、どの尺度でも全く同等です。

ところで、単に生徒の区別をするためだけなら、わざわざ数値を使う必要もないように思えます。「男＝M」、「女＝F」としてもよさそうです。しかし、図1-8に示すスティーブンスの定義では、名義尺度はあくまでも「数値を割り当てるルール」になっていますから、注意してください。

the naming of things is an arbitrary business. How-ever we christen it, the use of numerals as names for classes is an example of the "assign-ment of numerals according to rule." <u>The rule is : Do not assign the same numeral to different classes or different numerals to the same calss. Beyond that, anything goes with the nominal scale.</u>

下線部意訳：名義尺度とは、「異なる測定対象に同一の数値を与えない、そして異なる数値を同一の測定対象に与えない」というルールであって、それ以外は名義尺度とはいわない。

図1-8　スタンレー・スティーブンスの名義尺度に関する定義（Stevens, 1946）

1.4.2　順序尺度

表1-1には「順位」という変数がありました。これは、学力テストの得点によってつけられたクラス内の順位が収められた変数です。同順位がなかったので、1～36位までの連番になっています。表1-2に、クラス内の順位を1～36位まで、昇順（小さい値から大きい値）に並べ替えした後のデータ行列を示しました。「順位」の説明に不要な変数は削除してあります。また、順位間のテスト得点の差を計算し、「得点差」という新しい変数を作成しました。

まず「順位」「テスト」という変数の分布を眺めてください。「順位」は昇順で並んでいます

が，「テスト」は降順（大きい値から小さい値）に並んでいることがわかると思います。テスト得点の高いものから，1位，2位，3位……と順位を割り振っていったことがわかります。この「順位」は間隔1（1行下に行くごとに値が1ずつ増えていく）で，36まで並んでいます。

では，1位と2位の順位差は1で，5位と6位の順位差も1で同じですから，1位と2位のテスト得点の差と，5位と6位のテスト得点差も同じになると考えてよいでしょうか。

表1-2の「得点差」列の変数の分布を眺めてください。1位と2位の得点差は16点になっていますが，5位と6位の得点差は7点になっています。つまり，順位の差が同じであっても，得点差が必ずしも一致するわけではないのです。

これが順序尺度で測定されたデータの性質です。つまり，順序尺度で測定されたデータ（つまり順位）は，生徒のテスト得点（データ）の高低関係については，必ずしも正しく説明してくれません。100m走のタイムで順位をつける場合や納税額で順位をつける場合などは，順序尺度の例になります。

1.4.3 間隔尺度（1）

表1-1には「生年（西暦）」という変数がありました。この変数は，名義尺度と順序尺度のうち，どちらの尺度で測定されたと思いますか。

まず，「生年（西暦）」の数値は，名義尺度ではありません。なぜなら，1989年に生まれた人よりも1995年に生まれた人のほうが，後に生まれたといえるからです。数値の大小関係が，生徒の年齢の順序を表しているのです。つまり「生年（西暦）」のデータは，少なくとも順序尺度で測定されていると考えることができます。

ところで，西暦は365日で1年加算されるという性質があります。厳密にいえば閏年（うるうどし）もありますが，ここでは1年は365日であるとします。図1-9を見てください。キリスト生誕1年後の時点はA，2年後はB，3年後はC，4年後はDとなっています。Aは西暦では0001年，Bは0002年，Cは0003年，Dは0004年となります（西暦であることを示すために4桁にして

表1-2 「テスト」「順位」「得点差」のデータ

学籍番号	テスト	順位	得点差
13033	100	1	16
13003	84	2	8
13027	76	3	8
13002	68	4	2
13007	66	5	7
13036	59	6	1
13022	58	7	1
13021	57	8	4
13004	53	9	3
13032	50	10	1
13005	49	11	1
13006	48	12	1
13031	47	13	1
13034	46	14	1
13030	45	15	1
13019	44	16	1
13029	43	17	1
13017	42	18	1
13001	41	19	1
13012	40	20	4
13026	36	21	1
13018	35	22	1
13014	34	23	4
13025	30	24	1
13028	29	25	1
13035	28	26	3
13013	25	27	1
13023	24	28	1
13009	23	29	1
13024	22	30	1
13011	21	31	1
13008	20	32	5
13010	15	33	1
13020	14	34	1
13016	13	35	13
13015	0	36	—

います)。キリスト生誕後の4時点, A, B, C, D を測定対象として，これを西暦という数値によって表現していることがわかるでしょう。

図 1-9 内にあるように，B と A の差は 365 日です。また D と C の差も 365 日になっています。つまり，以下のとおりです。

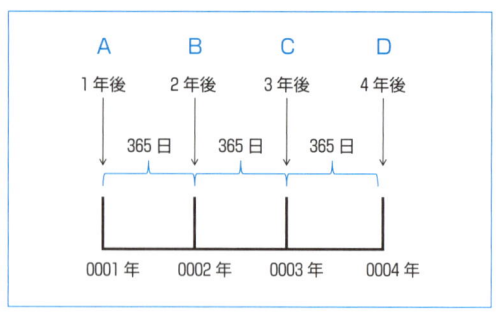

図 1-9 西暦による「生年」の尺度概念図

$$B - A = D - C = 365 日$$

これは，アルファベットに対応する西暦で表現してみても，同様に成り立ちます。

$$0002 年 - 0001 年 = 0004 年 - 0003 年 = 1 年 (365 日)$$

この性質は足し算についても成り立っています。図 1-10 で確認してください。

以上のように，測定対象間の差が等しい場合には，測定値間の差も同様に等しくなるようなデータを生成する尺度を，間隔尺度と呼びます。順序尺度で測定されたデータには測定対象間の大小関係のみが表現されるのに対して，間隔尺度で測定されたデータには測定対象間の間隔も保持されるという点で，間隔尺度のほうがより厳密なルールです。

以上から，「生年（西暦）」は順序尺度でなく，間隔尺度で測定された変数，と解釈することが妥当です。

$$A + D = B + C = 1825 日$$
$$0001 年 + 0004 年 = 0002 年 + 0003 年 = 5 年 (1825 日)$$
測定対象間の足し算が一致するならば，測定値間の足し算も一致する

図 1-10 間隔尺度の性質

1.4.4 間隔尺度（2）

間隔尺度の代表例に，摂氏温度計（セルシウス度計）と華氏温度計（ファーレンハイト度計）があります。摂氏温度計を例にとって，間隔尺度の性質についてもう少し説明します。

図 1-11 は摂氏温度計と華氏温度計が合体した温度計です。4 つの気温 A, B, C, D を，摂氏温度計と華氏温度計で測定するとします。温度計は間隔尺度なので，たとえば摂氏温度計では，以下のようになります。

$$50 度(A) - 30 度(B) = 0 度(C) - (-20 度(D))$$

数値が細かくなるので例示しませんが，華氏温度計でもこの性質は成り立っています。

ところで，気温 C の測定値は摂氏 0 度になります。しかし，0 度が「気温がない」ことを意

味しないことは常識です。実際に，華氏温度でい
えば32度もあります。逆に，華氏0度も「気温が
ない」ことを意味してはいません。このように，
間隔尺度において0が含まれたとしても，その0
は測定対象が「ない」状態を意味しません。この
0は，セルシウス氏や，ファーレンハイト氏のよ
うな「人間」が，便宜的に与えた0点なのです。
別の言い方をすれば，間隔尺度の0点は1つに定
めることはできません。このような性質があるの
で，間隔尺度で測定されたデータについて誤解が
生じる場合があります。

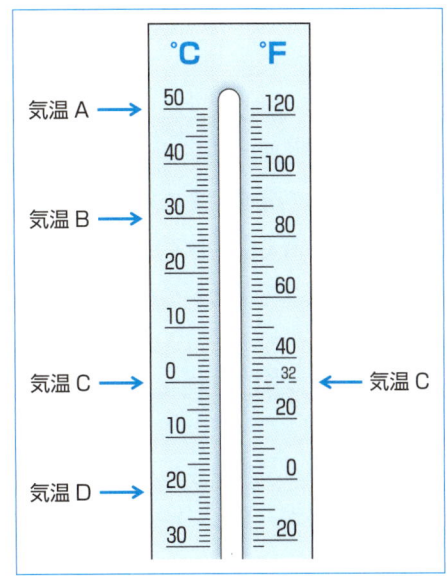

図1-11　摂氏温度計と華氏温度計

　1.5節でも触れますが，心理学研究では，学力
テストは間隔尺度の典型例として扱われていま
す。学力テストで0点を取ったとしても，その生
徒の学力が「全くない」と判断するのは誤りです。
そのテストの難易度が異常に高かったのかもしれませんし，そもそも生徒が勉強していない内
容について出題していたのかもしれません。生徒の精神的コンディションが悪かったのかもし
れません。つまり，学力テストの0点は，人間が便宜的に設けた0点であり，測定しようとし
ている能力が「無」であることを表現しているのではありません。

1.4.5　比率尺度

　以上のように，間隔尺度には，「0点を1つに定められない」という問題があります。これに
対して比率尺度は，測定値間の差が，測定対象間の差を正しく表現するばかりではなく，0点
を1つに定めることができます。

　図1-12に，比率尺度の代表例であるメートル法の定規と，インチ法の定規を並べて表示し
ました。2つの定規には，1インチ＝2.54cmという対応関係があります。2つの定規とも，「長
さ」という**物理量**についてそれぞれ数値を割り当てて（対応づけて）いますが，1目盛り（1単
位）が示す物理量が異なっています。この様子を，「2つの尺度は単位が異なる」と表現します。
先の摂氏温度計と華氏温度計も単位が異なっています。具体的には，華氏温度計の1単位は，
摂氏温度計の約1.8倍大きくなっ
ています。

　図1-12の2つの定規も，単位
が異なる点では摂氏・華氏温度計
と一緒ですが，定規については0
点の位置が尺度間で同一であり，

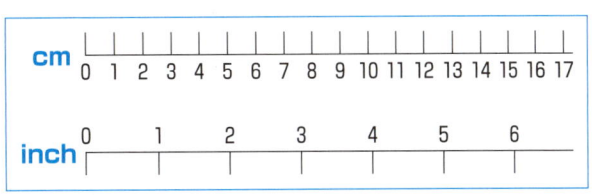

図1-12　メートル法とインチ法の対応

この点で大きく異なっています。

では，0点の位置が同じということは，どういうことなのでしょうか。これは，測定対象の「長さ」という物理量には，「長さがない」という状態が存在していること意味しています。「重さ」「速度」「時間」といった物理量は，それらが「無」である状態を定義することができます。そして，これら物理量を測定する尺度が，比率尺度です。たとえば，体重計，握力計，ストップウォッチ，身長計，スピードガンなどの測定器は，すべて比率尺度です。表1-1の「自習時間」も比率尺度で測定されたデータといえます。

1.5 測定値間に許される計算

以上の4尺度で測定された測定値（データ）間には，それぞれ許される計算，許されない計算というものが存在しています。順に説明します。

【名義尺度】 この尺度で得られた測定値間では，足し算，引き算，掛け算，割り算の四則演算すべてが適用できません。名義尺度の測定値は，一見数値であっても，計算が不可能な文字だと考えてください。ただし，男性には「0」，女性には「1」を回答させる尺度を作成して実施した場合，「0」や「1」が観測された個数，すなわち**度数（frequency）**を求めることはできます。

【順序尺度】 順序尺度で測定された測定値間では，数値が測定対象間の大小関係しか表さないので，名義尺度と同様に，四則演算すべてが適用できません。たとえば，1位＋2位＝3位ではありませんし，5位×10位は50位ではありません。ただし，度数を求めることはできます。

【間隔尺度】 間隔尺度の測定値間では，足し算，引き算が可能です。たとえば，摂氏1度＋摂氏3度の気温は摂氏4度の気温になりますし，摂氏5度－摂氏1度の気温は摂氏4度の気温になります。ただし「摂氏4度は摂氏2度の2倍の気温である（4度÷2度＝2）」とはいえません。温度に関する比率尺度として絶対温度という尺度が存在しますが，絶対温度では摂氏4度は277.15度，摂氏2度は275.15度になります。277.15（摂氏4度）÷275.15（摂氏2度）＝1.007 ≠2であり，摂氏で成り立つ等式は，絶対温度では成り立たないことがわかります。つまり，間隔尺度の測定値間では割り算は許されません。同様に，掛け算も許されません。

【比率尺度】 比率尺度の測定値間では，四則演算すべてが可能です。間隔尺度とは異なり，この尺度には1つの0点が存在するので，2cmを基準としたときの8cmの長さは，基準の4倍（8cm÷2cm＝4）というように，データ間の割り算に意味をもたせることができます。同様に，掛け算も許されます。

1.6 心理学における間隔尺度

表1-1には，勉強の動機づけに関する変数「質問A」「質問B」「質問C」の3つがありましたね。この質問Bについて，図1-13に抜粋しました。

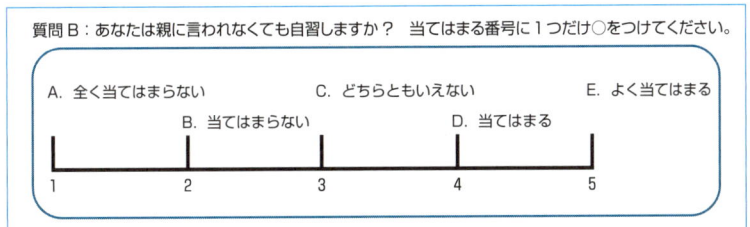

図1-13 「質問B」の内容

この尺度は，「あなたは親に言われなくても自習しますか？」と聞いていますが，それに対して，「A. 全く当てはまらない」に「1」，「B. 当てはまらない」に「2」，「C. どちらともいえない」に「3」，「D. 当てはまる」に「4」，「E. よく当てはまる」に「5」を，それぞれ割り当てています。人間の心理状態を数値で表現しているのです。このように，段階をつけて表された人間の心理状態を，**心理量**と呼びます。つまり，「質問B」は心理量を測定する尺度になっています。またこのようなルールで心理量を測定する尺度を，**評定尺度（rating scale）**と呼びます。

さて，「質問B」によって測定された心理量は，何尺度で測定されたデータだと思いますか。

質問コーナー

間隔尺度の測定値には掛け算と割り算はできないはずなのに，計算の途中に割り算が含まれる平均値の計算ができるのはなぜですか？

間隔尺度の測定値間の計算には掛け算と割り算が許されないということであって，各測定値を10で割ったり，2を掛けたりすることは可能です。たとえば，華氏温度＝摂氏温度×1.8＋32という温度の変換公式では，間隔尺度である摂氏温度を1.8倍するという掛け算をしていますよね。

間隔尺度の測定値の平均を求める場合には，測定値の総和を求め，測定値の総数で割ります。これは，各測定値をその総数で割り，すべて足し上げるということと同じです。たとえば，{1, 2, 3, 4}という測定値があった場合，平均値は(1+2+3+4)÷4＝2.5 (a)ですが，これは(1÷4)+(2÷4)+(3÷4)+(4÷4)＝2.5 (b)でも求めることができます。各測定値を定数で割ることは許されており，その結果も間隔尺度のままです。当然，定数で割った後の測定値間の足し算は許されるので，平均値も求めることができます。

実は，間隔尺度だけでなく，名義尺度や順序尺度の測定値についても，各データを定数で割ったり，定数を掛けたりすることが可能です。たとえば，男性ならば0，女性ならば1を割り当てる名義尺度「性別」に対して，(「性別」－1)÷－1という割り算を含んだ変換を掛けます。すると，男性＝(0－1)÷－1＝1，女性＝(1－1)÷－1＝0となり，男女に対応する数値を交換することができます。

順序尺度でしょうか，それとも間隔尺度でしょうか。間隔尺度と主張するには，以下の関係が成り立っていることが求められます。

> B − A = E − D であるから，2 − 1 = 5 − 4 = 1

しかし，生徒によっては，AとBの差とDとEの差が一致しないかもしれません。さまざまな生徒の心理状態は，数直線上で等間隔で表現できるほど，画一的ではありません。ですから，厳密に考えれば，質問Bは順序尺度と考えるのが妥当です。しかし，実際の研究場面では，「質問B」で測定されたデータは間隔尺度で測定されたデータと見なし，統計分析を進めることがほとんどです。これは一体どういうことでしょうか。

順序尺度で測定されたデータ間では，四則演算ができないという問題がありました。統計学で最も基本的かつ重要な指標である平均値は，「すべてのデータを足して，データ数で割る」という操作を行いますが，順序尺度で測定されたデータでは，「すべてのデータを足す」という処理がすでに不可能です。一方，間隔尺度で測定されたデータ間では，足し算，引き算が可能でした。したがって，平均値も計算することができますし，その他，多くの統計手法を使用することができます。

「質問B」を順序尺度と見なすと，使える統計分析の幅がかなり狭くなってしまいます。そこで，生徒間でA〜Eの心理状態の間隔が多少異なっていたとしても，これが等間隔だと見なせる程度の差ならば間隔尺度と見なして分析する，ということが実際には行われているようです。もちろん，この判断は慎重に行わなければなりません。

さて，表1-1にはまだ「合計」「テスト」という変数が残っています。「合計」は動機づけに関する3つの質問の合計点で，得点が高いほど勉強に対する動機づけが高いと解釈できます。また，「テスト」は学力テストの得点ですから，得点が高いほど学力が高いと解釈できます。ですから「合計」「テスト」も，動機づけや学力という心理量を測定する尺度であると考えることができます。そして，2つとも順序尺度ではなく，間隔尺度として処理されることが一般的です。中学，高校時代に，教科の先生から学力テストのクラス平均を言われたことがあると思います。その計算をしているということは，教科の先生は，学力テストを間隔尺度として扱っていることになります。

【文献】
南風原朝和（2002）．心理統計学の基礎——統合的理解のために．有斐閣
森敏昭・吉田寿夫編著（1990）．心理学のためのデータ解析テクニカルブック．北大路書房
Stevens, S.S. (1946). On the Theory of Scales of Measurement, *Science, New Series*, 103 (2684), 679.
豊田秀樹（1998）．調査法講義．朝倉書店
山田剛史・村井潤一郎（2004）．よくわかる心理統計．ミネルヴァ書房
吉田寿夫（1998）．本当にわかりやすいすごく大切なことが書いてあるごく初歩の統計の本．北大路書房

問1：日本の大学生全体について，一般的に当てはまる心理学的法則を探すという目的のために，最も適当な分析法はどれでしょうか。

A. 日本人男性全員からデータをとってその全体的傾向を把握する
B. 自分の家族6人からデータをとってその全体的傾向を把握する
C. 1万人の日本人大学生からデータをとってその全体的傾向を把握する
D. 日本人の5歳児全員からデータをとってその全体的傾向を把握する

問2：以下の（あ）〜（う）に当てはまる統計用語を，「測定」「尺度」「変数」「データ行列」「行」「列」の中から選んでください。

　測定対象に数値を割り当てることを（　あ　）という。また，数値を割り当てるルールを（　い　）と呼ぶ。このルールは「ものさし」とも呼ばれる。「ものさし」によって得られた結果は，個人ごとにさまざまな値をとることから，その結果は（　う　）と呼ばれるものになる。

問3：名義尺度，順序尺度，間隔尺度，比率尺度の例を，それぞれ1つずつ挙げてください。

問4：比率尺度の例として正しいものはどれですか。

A. 全国学力テスト
B. 30 cm 定規
C. 摂氏温度計
D. 徒競争の順位

問5：学力テストの点数を間隔尺度と見なして分析することには，どのような問題があるでしょうか。

問6：間隔尺度の測定値間に許される数的操作として正しいものはどれでしょうか。正しいものをすべて選んでください。

A. 掛け算　　B. 割り算　　C. 足し算　　D. 引き算

問7：「昨日の最高気温は摂氏30度でした。本日の最高気温は摂氏15度です。最高気温でいえば，本日は昨日より2倍暑くなりました」という気象予報士の説明には誤りがあります。なぜ誤っているのか説明してください。

第2章 性格の個人差を把握する —— 1変数分布の要約

　心理現象には，知能，性格，態度，心の発達，記憶，学習，知覚などのように，さまざまな種類があります。これらは，目に見えないという点で共通しています。心理学には学習心理学，教育心理学，社会心理学，知覚心理学などといった学問領域がありますが，それぞれが特定の心理現象を専門的に研究しています。

　パーソナリティ（性格）心理学は，性格という心理現象における個人差を把握することをひとつの目的としています。今までさまざまな性格に関する分類モデルが考案されてきました。そのなかでも特に有力な分類モデルは，ビッグファイブモデル（Big Five model）です。ビッグファイブモデルとは，人間の性格を以下の5つに分類する考え方のことです（たとえば並川ら，2012）。

ビッグファイブモデルの5分類
- 調和性（Agreeableness）—— 温和・寛大・親切・良心的 etc
- 誠実性（Conscientiousness）—— 計画性・几帳面・慎重・勤勉 etc
- 外向性（Extraversion）—— 話し好き・陽気・外向的・社交的 etc
- 情緒不安定性（Neuroticism）—— 不安・心配性・弱気・緊張・憂鬱 etc
- 開放性（Openness）—— 独創的・進歩的・好奇心が強い・興味が広い etc

　ビッグファイブのような性格や学力，各種能力を測定する（質問）項目の集まりを，心理尺度（psychological scale）と呼びます。第1章では，「勉強に関する動機づけ」を3つの項目で測定し，その合計得点で動機づけを表していましたが，この3項目の集まりは動機づけに関する心理尺度です。心理尺度に含まれる項目の合計点は，尺度得点（scaled score）とも呼ばれます。

　本章では，ビッグファイブの心理尺度への回答データの処理を通じて，性格の個人差について統計的に把握する方法を学びます。

2.1 ビッグファイブのデータ行列

　誠信高校夜間部2年の4クラス（1, 2, 3, 4）の生徒160人に対して，ビッグファイブを測

表 2-1　誠信高校夜間部 2 年生のデータ行列（一部抜粋）

学籍番号	性別	クラス	BMI	調和性	誠実性	外向性	情緒不安定性	開放性
12001	1	4	25.70	37	15	17	10	46
12002	0	4	19.18	27	28	23	23	25
12003	1	3	25.37	33	26	13	28	72
12004	0	4	21.09	21	24	15	43	33
12005	1	3	19.41	14	17	7	2	66
12006	1	1	25.07	37	21	18	30	48
12007	1	4	28.73	19	12	6	17	43
12008	0	3	24.99	30	21	12	21	45
12009	1	3	29.10	22	27	25	20	28
12010	0	1	19.81	15	20	3	23	57
12011	1	1	24.31	27	22	20	39	39
12012	1	3	26.33	4	16	16	22	47
12013	0	3	26.50	31	25	13	23	61
12014	0	4	24.91	6	21	14	13	41
12015	1	4	20.20	26	23	30	31	39
12016	0	4	28.33	22	18	15	29	42
12017	0	1	26.48	27	21	15	23	44
12018	0	2	25.72	25	14	17	31	39
12019	0	3	23.42	10	14	7	23	47
12020	0	3	20.09	20	18	19	25	45
12021	0	3	21.23	15	23	25	42	34
12022	1	2	23.51	29	26	14	39	52
12023	0	4	21.23	40	16	15	28	65
12024	1	4	24.07	40	20	19	27	45
12025	0	3	28.76	21	23	15	15	30
12026	1	3	23.25	21	15	7	45	36
12027	0	4	24.23	34	28	15	13	34
12028	0	3	25.37	18	14	8	19	70
12029	0	1	26.16	13	20	19	8	30
12030	1	2	20.46	22	24	13	14	41
12031	1	1	21.57	24	8	13	33	36
12032	1	1	22.49	40	20	21	43	36
12033	0	3	21.37	18	15	15	35	40
12034	1	1	23.46	24	21	16	25	63
12035	1	3	22.10	13	26	17	23	59

定する心理尺度と，生徒のさまざまな属性を測定する質問項目を含んだ質問紙調査を実施しました。結果は表 2-1 のとおりです。変数は「学籍番号」「性別」「クラス」「BMI（Body Mass Index）」「調和性」「誠実性」「外向性」「情緒不安定性」「開放性」の 9 つです。ビッグファイブの得点は，すべて尺度得点となっています。なお，生徒数が 160 人と多いので，表 2-1 にはデータ行列の一部（35 人分）を表示しています。

2.2　図表によって分布をまとめる

統計解析で最も重要な分析は何かと聞かれたら，統計学者のほとんどは，「変数の分布を，図表を用いて簡潔に把握すること」と答えると思います。高度な統計分析を自由自在に操れるようになったとしても，この単純な分析を欠いた考察には，全く説得力がありません。統計学は全体の傾向をつかむ学問ですから，それを最もわかりやすい形で表示する図表を活用しないという手はありません。以後に，代表的な図表について順に説明していきます。

2.2.1 度数分布表

表2-2は，各クラスの生徒数の分布を，表2-3は性別ごとの生徒数の分布を示しています。表2-4は，「BMI」について4つの階級を作成し，階級ごとの生徒数の分布を表示しています。このように，何らかの観点で人数を数えてその分布を示したものを，**度数分布表（frequency distribution table）** と呼びます。度数分布表を作ることで，夜間部2年生の分布の様子を一目で把握することができました。

2.2.2 棒グラフと離散変数

図2-1は，表2-2の度数を棒の高さで表したグラフです。これを**棒グラフ（bar chart）** と呼びます。分布に関する情報は度数分布表と全く同じで，それが図示されているか否かの違いのみです。この例では縦軸が度数になっています。

図2-2は，ビッグファイブの「調和性」を測定する心理尺度の得点分布を表した棒グラフです。「調和性」の心理尺度には45項目の質問が含まれており，「はい」か「いいえ」の二者択一で答えてもらいます。そしてこの心理尺度の得点は，「はい」と回答した度数を表していま

表2-2 クラスごとの生徒数に関する度数分布表

クラス	1	2	3	4
度数	40	32	46	42

表2-3 「性別」の度数分布表

性別	0（女性）	1（男性）
度数	79	81

表2-4 「BMI」の度数分布表

階級	20未満	20以上～25未満	25以上～30未満	30以上
度数	15	101	41	3

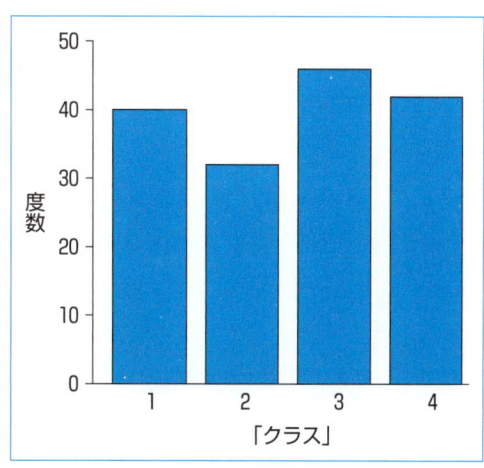

図2-1 「クラス」度数の棒グラフ

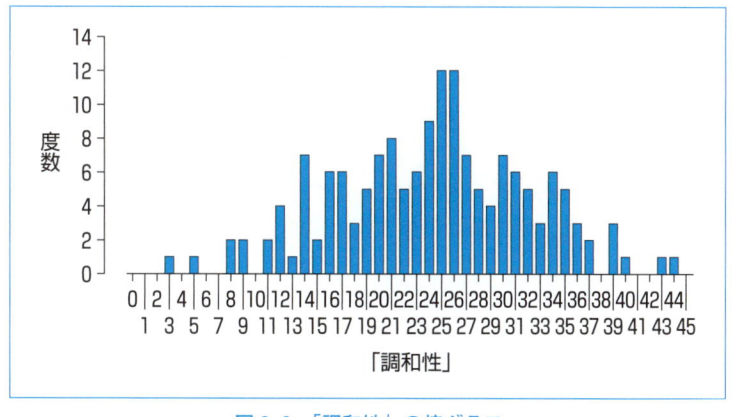

図2-2 「調和性」の棒グラフ

す。度数ですから，0，1，2というように，非負（ゼロ以上）の整数値しかとりません。度数には，0と1の間に0.5といったような小数はありえませんから，この心理尺度の得点は連続的ではなく，離散的（とびとび）な値をとることになります。そのような値をとる変数を離散変数（discrete variable）と呼びます。横軸に離散変数を配置した場合には，後述するヒストグラムではなく棒グラフを使用します。なお，棒グラフの縦棒は度数に限りません。

2.2.3　ヒストグラムと連続変数

表2-4の「BMI」の階級ごとの度数は，棒グラフではなくヒストグラム（histogram）という図で表現します。図2-3を見てください。これがヒストグラムです。ヒストグラムは棒グラフに似ていますが，棒と棒の間に空間がないところが違います。

「BMI」は，[体重(kg)]÷[身長(m)の2乗]で求められますが，身長と体重ともに測定器の精度を上げれば，173.43243250……cmのようにいくらでも細かい値を出せます。もし，測定器の精度を際限なく上げることができるとしたら，この世にあなたとぴったり同じ身長の人はまず存在しないでしょう。このような性質をもつ変数を，連続変数（continuous variable）と呼びます。連続変数の比率によって定義される「BMI」も，やはり連続変数になります。

「BMI」の階級幅について考えてみましょう。BMIの階級を「～19」「20～24」「25～29」「30～」としたらどうでしょう。BMIは連続変数なので，19.9の人はどこの階級にも属さなくなってしまいます。それでは，最初の2つの階級を「～19.9」「20～24.9」とすればよいでしょうか。しかし，それだと19.99の人はどこにも属さなくなってしまいます。19.9999……という人もいるので，図2-3では「～20未満」「20以上～25未満」としています。未満とは，ぎりぎりその値を含まないことを意味しています。

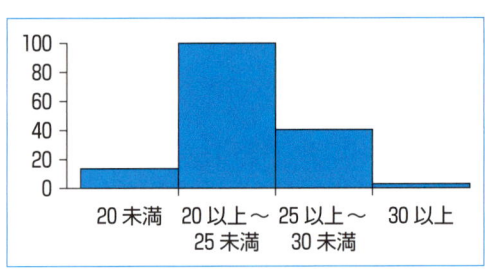

図2-3　「BMI」のヒストグラム

質問コーナー

連続変数は，身長のように測定器の精度を上げていけば，際限なく得点が細かくなる測定値によって構成される変数ということですが，離散変数として説明されている心理尺度得点も，測定精度を高めれば，際限なく得点を細かくすることができるのではないでしょうか？

　尺度の得点のような離散変数も，尺度の測定精度を上げることで，とりうる値を細かくすることができます。たとえば，尺度得点のとる範囲を0～300として，1点刻みに測定するような場合には，これを連続変数とみなして分析する場合があります。

このように，ヒストグラムの棒と棒との間隔を詰めて表示するというルールは，横軸が連続変数であることに対応しています。したがって，離散変数を横軸に配置してヒストグラムを描くことはできません。

2.2.4 折れ線グラフ

図 2-4 は「調和性」の得点について，「クラス」と「性別」に分けて平均値を計算し，結果を「性別」ごとに**折れ線グラフ（line graph）**として表現したものです。折れ線グラフの横軸には通常，順序尺度や間隔尺度，比率尺度で測定された順序性のある変数が配置されますが，学術論文では，図 2-4 のように横軸に必ずしも順序性がなくても，利用されることがあります。

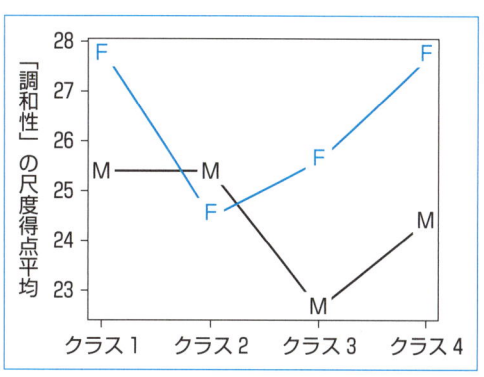

図 2-4 性別・クラス別の「調和性」における平均点の折れ線グラフ

2.3 分布の中心はどこか

分布の状態を図表によって把握する場合には，最も度数が多い値を探すところから始めます。図 2-2 の「調和性」の棒グラフでも，まずは最も度数の多い値が目についたと思います。こういった度数の多い値など，その分布の典型となるような数値を**代表値（representative value）**と呼びます。心理学研究でよく用いられる代表値には，**平均値**，**中央値**，**最頻値**があります。

代表値は，分布の中心位置の指標として利用されることが多いですが，適用する尺度や分布の状態によっては，中心位置の指標にならない場合もあります。「代表値＝分布の中心位置」が常に成り立つわけではないことに注意してください。

2.3.1 平均値（mean）

小規模なデータで説明しましょう。表 2-1 の「調和性」の列の最初の 5 人分を見ると，その得点は {37, 27, 33, 21, 14} となっています。このデータは心理量を表した数値ですが，第 1 章で解説したように，心理学ではこのデータを，間隔尺度で測定されたものと見なすことがほとんどです。間隔尺度で測定されたデータ間では足し算と引き算が許されますから，全員分の得点を足すことも可能です。足した値の合計点を人数で割ったものが平均値で，最も頻繁に使われている代表値です。**算術平均値**ともいいます。この平均値は比率尺度にも適用できます。しかし，データ間の足し算と引き算ができない名義尺度と順序尺度のデータでは，計算できません。

先ほどの 5 人のデータの平均値は，以下のようになります。

$$(37 + 27 + 33 + 21 + 14) \div 5 = 26.4$$

　平均値の求め方は皆さんにとって目新しいものではないと思いますが，これまでの人生で算出してきた平均値はすべて，間隔尺度か比率尺度で測定されたデータを扱ってきた，というのは新しい知識ではないでしょうか。

2.3.2　中央値（median）

　さて，先ほどの5人のデータを，左から昇順に並び変えてみると，以下のようになります。

$$\{14, 21, 27, 33, 37\}$$

　真ん中の値27は分布の中央の値であることから，中央値といいます。では，データ数が以下のように偶数の場合にはどうなるのでしょうか。

$$\{14, 21, 27, 33, 37, 40\}$$

　この場合は，中央の2つの値の平均をとります。すなわち，中央値の値は以下のとおりです。

$$(27 + 33) \div 2 = 30$$

　なお，名義尺度では中央値を求めることはできません。

2.3.3　最頻値（mode）

　表2-2はクラスの生徒数に関する度数分布表でした。クラス1＝40人，クラス2＝32人，クラス3＝46人，クラス4＝42人となっています。最も度数が多いのはクラス3ですが，これを代表値とするのが最頻値です。この例だと，最頻値＝クラス3になります。
　最頻値は，度数を求められさえすれば適用できる代表値なので，名義尺度で測定されたデータでも算出できます。ただし，名義尺度の場合には，最頻値は分布の中心を表すということにはなりません。

2.3.4　代表値の抵抗性

　先ほどの5人のうち，5番目の生徒の得点が担任の先生の転記ミスで，5000点と非常に大きな値になったとします。このような極端に大きい，あるいは極端に小さい値を外れ値（outlier）と呼びます。さらに6番目の生徒の得点37点を含めて，平均値と中央値，最頻値を求めると，以下のようになります。

> 平均値：$(37+27+33+21+5000+37) \div 6 = 859.167$
> 中央値：$\{21, 27, \underline{33}, \underline{37}, 37, 5000\} \rightarrow (33+37) \div 2 = 35$
> 最頻値：$\{\underline{37}, 27, 33, 21, 5000, \underline{37}\} \rightarrow 37$

　平均値は定義式のとおり，全員のデータを足すという計算過程があるので，5000 という外れ値が平均値に大きく影響した結果となりました。一方，中央値と最頻値の算出過程では，全データの和を計算することはないので，5000 という値が入っていても結果に影響が出にくくなっています。このように，外れ値があっても結果が左右されにくい性質を，**抵抗性（resistance）**と呼びます。中央値や最頻値は，平均値よりも抵抗性が高いといえます。

　では，抵抗性の低い平均値は利用すべきではないのでしょうか。次のような例[*3]で考えてみましょう。誠信高校夜間部2年生から，7人構成のグループを2つ抽出し，「誠実性」の得点を調査しました（表2-1には入っていません）。これを昇順に左から並べると，以下のようになります。

> グループ1の得点分布：$\{10, 20, 45, 50, 55, 60, 60\}$
> グループ2の得点分布：$\{35, 40, 45, 50, 55, 60, 60\}$

　データには外れ値は含まれていません。この結果を利用して，グループ間で「誠実性」に差があるのかを検討したいと思います。一人ひとりの得点をグループ間で比較することはできないので，各グループの代表値を求めて，その差で「誠実性」の差を確認します。そこで，両クラスについて3つの代表値を求めると，表2-5の結果が得られました。

表2-5　「誠実性」に関する各グループの代表値

グループ	平均値	中央値	最頻値
グループ1	42.86	50	60
グループ2	49.29	50	60

質問コーナー

データの分布が，例1 $\{1, 2, 3, 4\}$ や，例2 $\{2, 2, 3, 3\}$ の場合，最頻値はどのように報告したらよいのでしょうか？

　例1の場合には，「最頻値はない」と報告できます。例2は最頻値が複数ある状況で，2か3のどちらを報告するかについては，一定のルールはないようです。たとえば，統計ソフトウェアでは，より数値の小さい値を最頻値として1つ報告する，というルールを採用しているものもあります。このルールでは，例2の最頻値は2となります。レポートや論文中で報告する場合には，最頻値が複数存在したことを記載するのが確実でしょう。

[*3] 本例は，山田・村井（2004）を参考にしています。

まず最頻値を見ると，両グループともに60点になっています。この得点は両分布の端に位置していますから，分布の中心を表現する代表値として最頻値を使うことは難しいです。

次に中央値を見てください。両グループともに50点となっています。この結果から，グループ間で「誠実性」に差はないと結論づけてもよいでしょうか。両分布の得点分布を比較すると，中央値の50点以上の分布は一致しており，50点未満ではグループ1のほうが小さい値で分布していることがわかります。グループ1のほうが全体的に「誠実性」が低いようです。

最後に平均値を見てください。グループ1では42.86，グループ2では49.29となっています。相対的に低い得点が含まれるグループ1で，値が低く出ている平均値は，得点分布の実態を最もよく代表していると考えることができます。

中央値と最頻値には，分布に含まれる全データの情報が反映されていません。たとえば，中央値は分布の真ん中にしか注目していませんし，最頻値は個別のデータではなく，度数にしか注目していません。平均値は外れ値に影響を受けやすいですが，外れ値さえなければ全データを利用することはメリットです。全データの情報が反映されるからです。外れ値を削除するなどして利用することで，対応することも可能です。実際の統計分析では平均値が最も活躍しています。

2.4 データの散らばりを評価する

図表と代表値を利用して分布の中心位置を把握したら，次に考えるのは，中心からのデータの散らばりです。「分布の中心が30点で，そこから±20点の範囲に30％の人が存在する」といった考察は，データの散らばりに注目したものです。分布におけるデータの散らばりの程度を数値として表したものを，**散布度（measure of dispersion）**と呼びます。分布の中心位置に関して代表値があるように，データの散らばりについては散布度が利用できます。心理学研究で代表的な散布度は何といっても，**分散（variance）**と**標準偏差（Standard Deviation：SD）**です。分散と標準偏差は間隔尺度と比率尺度に適用します。

2.4.1 分散と分布の対応

図2-5に，分布状況と分散の対応関係を示しました。5段階の評定尺度で測定されたデータの度数に関する棒グラフで，4つの分布を表示しています。全分布の平均値は3です。また，各分布の分散は，分散1，分散2，分散3，分散4で，その数値は分布の区別に対応しています。

分布①の分散1を基準として説明します。分布①と分布②を比較すると，分布②のほうが分布の中心から遠くまでデータが散らばっています。この関係を分散で表現すると，「分散2＞分散1」となります。

つまり分散は，中心（平均）から遠くまでデータが散らばっている場合に，相対的に値が大きくなるという性質があります。

次に，分布③では，「分散3＜分散1」と表現されています。分布①も分布③も，下限2〜上限4の間で，データが散らばっているのに，分布③のほうが相対的に分散が小さくなるのはなぜでしょうか。それは，分布③のほうがデータ数が1個多く，中心へのデータの集中度が高くなっているためです。このように，分散は散布度の指標であると同時に，中心への集中度とも解釈できます。集中度と解釈する場合には，分散が小さいかに注目します。

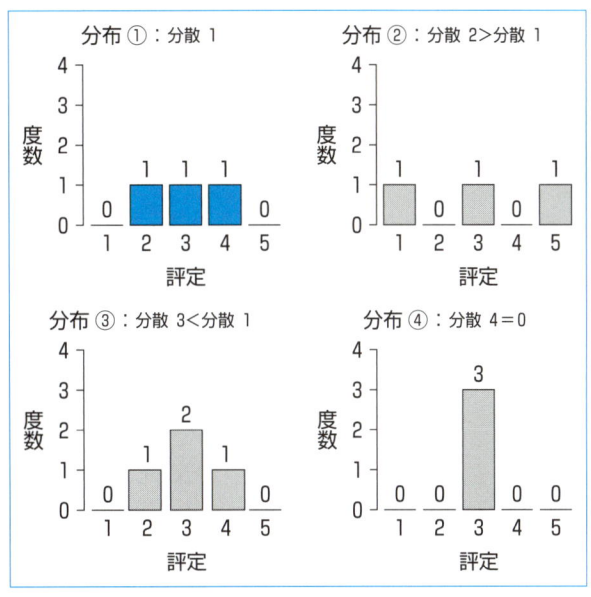

図2-5 分散と分布の対応関係

分布④の分散4は0となっています。つまり，分布④のように全データが同一であれば，散布度の指標である分散は0になるということです。なお，分散の下限は0で負（−）にはなりません。

2.4.2 分散の求め方

2.3.1項で例に挙げた5人の生徒の「調和性」得点は $\{37, 27, 33, 21, 14\}$ で，平均値は26.4点でした。これが分布の中心位置を表していると考えます。繰り返しになりますが，この平均値を中心に，各生徒のデータは左右に散らばっています。その散らばりを数字で表現しようというのが，分散の基本的な考え方です。

では，分散の求め方を順を追って説明します。

【ステップ1──平均を求める】 まず，「調和性」得点は間隔尺度ですから，平均値を求めることができます。

$$(37 + 27 + 33 + 21 + 14) \div 5 = 26.4$$

【ステップ2──偏差を求める】 次に，各データと平均の差である偏差（deviation）を求めます。偏差とは，データと平均との数直線上の距離のことです。つまり，以下の式で求めることができます。

$$偏差 = データ - 平均$$

図 2-6 は，14 というデータの偏差を図示したものです。上の式に当てはめると，以下のようになります。

$$-12.4 = 14 - 26.4$$

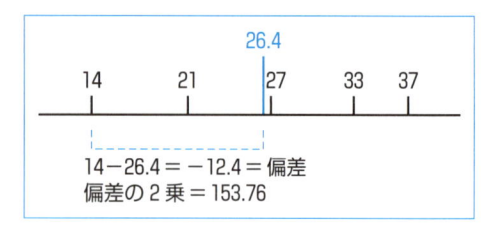

```
          26.4
   14  21  27   33  37
   |---|---|----|---|
   └─ ─ ─ ─ ┘
   14 － 26.4 ＝ －12.4 ＝ 偏差
   偏差の 2 乗 ＝ 153.76
```

図 2-6　データと偏差の関係

これを 5 つすべてのデータについて求めたものが，表 2-6 の「偏差」の列です。この列の合計が 0 になっていることを確認してください。偏差の合計は 0 になるという性質があります。この性質はどのようなデータ行列でも成り立ちます。

表 2-6　分散の計算過程

学籍番号	調和性	偏差	偏差 2 乗	中央値からの偏差の絶対値
12001	37	10.6	112.36	10
12002	27	0.6	0.36	0
12003	33	6.6	43.56	6
12004	21	−5.4	29.16	6
12005	14	−12.4	153.76	13
合計	132	0	339.2	35
平均	26.4	0	67.84	7
中央値	27	—	—	—

【ステップ 3 ── 偏差の 2 乗を求める】

さらに，偏差の 2 乗を計算します。たとえば，14 というデータの偏差は −12.4 なので，この偏差の 2 乗は，以下のようになります。

$$(-12.4) \times (-12.4) = 153.76$$

これをすべての偏差について計算した結果が，表 2-6 の「偏差 2 乗」の列です。

【ステップ 4 ── 偏差平方和を求めデータ数で割る】　「偏差 2 乗」の列の合計を求めると，以下のようになります。

$$112.36 + 0.36 + 43.56 + 29.16 + 153.76 = 339.2$$

偏差 2 乗の和のことを**偏差平方和**（**sum of squared deviations**）と呼びます。偏差平方和をデータ数で割ったもの，つまり偏差 2 乗の平均値が「分散」になります。式で示すと以下のとおりです。解釈の方法は 2.4.4 項で説明します。

$$\begin{aligned}分散 &= 偏差平方和 \div データ数 \\ 67.84 &= 339.2 \div 5\end{aligned}$$

2.4.3 標準偏差（SD）の求め方

分散の正の平方根を標準偏差と呼びます。式で示すと以下のとおりです。

$$\text{標準偏差} = \sqrt{\text{分散}}$$

先ほどの例では，分散は 67.84 と求められたので，標準偏差は以下のようになります。

$$8.237 = \sqrt{67.84}$$

逆に，標準偏差を 2 乗すると分散となります。分散か標準偏差のどちらか一方が得られていれば，もう一方は簡単に計算できます。

2.4.4 分散と標準偏差（SD）の解釈について

図 2-5 で分布と分散の対応について説明しましたが，分散の性質は，標準偏差にも当てはまります。標準偏差が 0 であれば，その分布では全員が同一の値をとると解釈できますし，相対的に大きい値であれば，平均値を中心により遠くまでデータが散らばっていることになります。それではなぜ，分散と標準偏差の区別があるのでしょうか。

分散を計算する過程で，偏差の 2 乗を計算したことを思い出してください。分散は偏差の 2 乗和をデータ数で割ったもの（すなわち平均）ですから，たとえばデータの単位が「cm（距離）」だったとすると，分散という指標の単位は cm×cm で，「cm^2（すなわち面積）」となります。つまり分散は，「平均的な面積」と解釈できます。しかし私たちは，図 2-6 のように数直線上のデータの分布について，平均値からの散らばりを考察しようとしています。だからその散らばりは，数直線上の長さとして表現されたほうが都合がよいのです。

質問コーナー

分散を計算する際，どうして偏差の 2 乗を計算するのですか？ 偏差の絶対値の平均のほうが，散布度としてわかりやすいと思うのですが。

結論からいえば，代表値として平均値を利用するときに使う散布度として，「数学的に適切」な指標は，偏差の 2 乗和の平均である分散になることが知られています。偏差の絶対値の平均は，代表値として平均を利用した場合，数学的に適切ではありません。

残念ながら，この「数学的に適切」という部分の解説は，それほど容易ではありません。その部分の説明も含めて，平均を代表値とした場合の散布度として分散がふさわしい理由について，どうしても知りたい方は，是非，南風原（2002）の該当章を読んでみてください。

そこで，単位が「面積」（例では cm²）となっている分散を解釈しやすいように，もとの「距離」という単位（例では cm）に再変換したものが標準偏差です。標準偏差は,「平均的な偏差」になります。もっと平たくいえば，「分布の中心からの平均的なデータの散らばり」になります。分散の場合には「平均的な面積」という意味になることを考えれば，標準偏差のほうが明らかに利用しやすい指標です。

平均と標準偏差は単位が一緒ですから，先の結果を利用して,「平均値 26.4 を中心として ±8.237 の範囲に，平均的にデータが散らばっている」と解釈することができます。分散ではこの解釈はできません。実際の研究論文では，代表値として平均値を利用した場合には，あわせて標準偏差が報告されます。ただ，より高度な統計分析では，標準偏差よりも分散が好ましい場合も多く，状況に応じて使い分ける必要があります。

ところで，分散も標準偏差も，分布に散らばりがない場合には 0 になり，この値が下限となります。負の値はとりません。では，上限や，解釈のための基準となる数値はあるのでしょうか。

残念ながら分散も標準偏差にも，「この値以上であれば散らばりが大きい」という，絶対的な判断基準を設けることはできません。その理由を説明します。

図 2-7 に 50 人の身長について，同じ分布を，単位を変えて 2 つ示しました。左は測定単位が m，右は cm になっています。各測定単位での分散と標準偏差は，図にあるとおりです。たとえば分散は，m では 0.048，cm では 478.73 になっています。この結果から，cm の分布のほうが m の分布よりも散らばりが大きい，と解釈するのが間違いなことは明らかです。なぜなら 2 つの分布は同一だからです。分散も標準偏差も，変数の単位に左右されるのです。だから，変数の単位を見ずに，分散や標準偏差の値だけで散らばりについて語ることはできません。

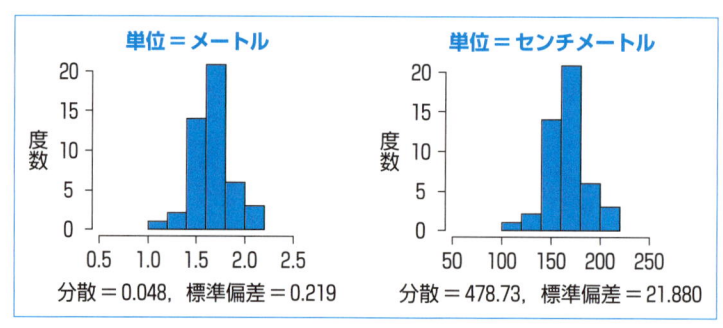

図 2-7 「身長」の同一分布に対して異なる分散・標準偏差が得られる様子

2.5 代表値・散布度を利用して結果を解釈する

最後に，平均値と標準偏差の解釈の仕方を，実践的に学んでいきましょう。

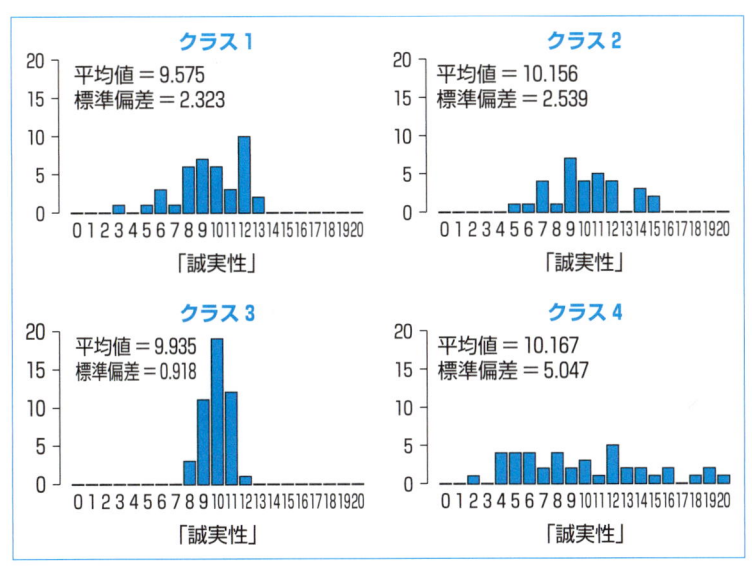

図 2-8 「誠実性」の得点分布と平均値・標準偏差

2.5.1 個人差の指標としての標準偏差

図 2-8 は、「誠実性」得点の分布について、クラス別に棒グラフで示したものです。各クラスの平均値と、標準偏差も記載してあります。各クラスの平均値を見ると、クラス 1 ＝ 9.575 点、クラス 2 ＝ 10.156 点、クラス 3 ＝ 9.935 点、クラス 4 ＝ 10.167 点であり、ほとんど差がないことがわかります。「誠実性」という心理量の集団平均については、4 つのクラスともほとんど差がない、と解釈してもよいでしょう。

分布の中心の位置が、全クラス一緒であることがわかったので、次に、中心からのデータの散らばりを評価します。ここで標準偏差が利用できます。ただ、2.4.4 項で説明したように、標準偏差には変数の単位に影響を受ける（依存する）という性質がありました。今回の分析ではこのことは問題にならないのでしょうか。

今回の分析は、同じ心理尺度から測定された「誠実性」得点を利用しています。クラスが異なっても、変数の単位は一緒です。したがって、標準偏差をクラス間で比較することが可能です[*4]。図 2-8 の標準偏差を確認すると、クラス 3 の 0.918 が最小となっています。またクラス 4 の 5.047 が最大です。クラス 3 では平均値 ±0.918 の範囲で、クラス 4 では平均値 ±5.047 の範囲で、平均的に得点が分布しているという結果となりました。

標準偏差の比較から、クラス 3 の生徒は他のクラスに比較して、平均値付近で得点が散らばっていることが予測されます。図 2-8 を見ると、実際にクラス 3 は他のクラスに比べて、全員

[*4] 変数の単位が一緒でも、10 点と 1000 点のように、明らかに平均値が異なる分布の場合、平均値の大きい分布の標準偏差が大きくなるという性質があります。この場合、標準偏差を平均で割った変動係数という散布度を利用します。

が平均値付近の狭い範囲に分布していることがわかります。

一方，クラス4の生徒は他のクラスに比べて，平均値から遠くまで得点が散らばっていることが予測されます。図2-8を見ると，クラス4は他のクラスに比べて，平均値から広い範囲に分布していることがわかります

以上の結果をもっと研究論文的に表現すると，クラス3は，「他のクラスと比較して『誠実性』において似た人物が集まっており，個人差が少ない」ということになります。一方，クラス4は，「他のクラスと比較して『誠実性』の程度において個人差が大きい」ということになります。

パーソナリティ心理学では，心理量に関する個人差について興味がもたれることが多いのですが，その個人差を，標準偏差という指標で簡潔に要約できるので非常に便利です。生徒数が1千人，1万人，100万人と増えていったとしても，集団内の個人差について，たった1つの指標で説明できます。

2.5.2 中央値の使いどころ

表2-7は，ビッグファイブの各性格について，学年の生徒160人全員のデータから代表値と散布度を求めた結果を示したものです。表中の平均偏差については後で説明します。

表2-7 ビッグファイブの代表値・散布度

指標	調和性	誠実性	外向性	情緒不安定性	開放性
平均値	25.306	9.95	14.8	10.075	46.306
中央値	26	10	15	7	45
標準偏差	7.845	3.102	5.367	8.208	14.769
平均偏差	6.219	2.163	4.263	6.325	11.444

平均値と中央値を比較すると，「情緒不安定性」で得点差が約3点（≒10.075－7）と相対的に大きくなっています。この差はなぜ生じたのでしょうか。図2-9は「情緒不安定性」得点の棒グラフです。棒グラフからも明らかなように，この分布は，低得点の付近を中心に生徒が分布していますが，相対的に高得点の付近まで生徒が一定数分布しています。

ここで，平均値と中央値における抵抗性の説明を思い出してください。平均値は外れ値に対して抵抗性が低いので，分布中に非常に高い点あるいは低い点（場合によっては外れ値も含まれます）の人が含まれている分布では，それらの人の得点に影響を受けてしまう可能性があります。図2-9は，分

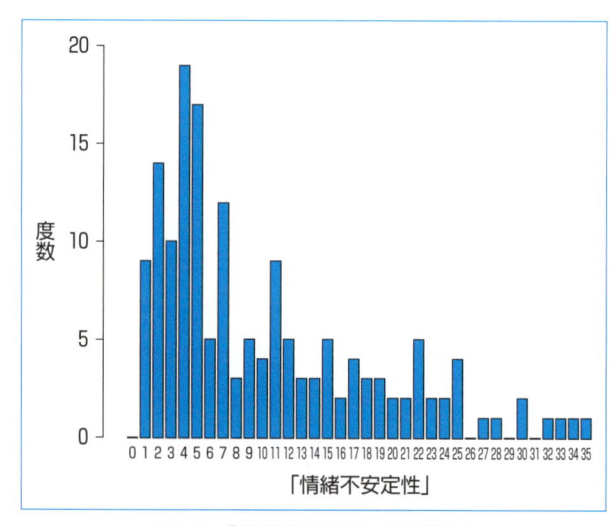

図2-9 「情緒不安定性」の棒グラフ

布の右方向（すなわち高得点方向）に裾野が拡がっていますが，このような様子を，**右に裾が重い**と呼びます。当然，**左に裾が重い**という状況もありえます。

　分布が右あるいは左のどちらか一方に裾が重い場合には，抵抗性に配慮して平均値ではなく中央値を使います。逆に平均値を利用する場合には，外れ値がなく，中心に対して左右対称の分布が適しています。分布を数値で代表させるにしても，まずは棒グラフやヒストグラムでデータの分布を視覚的に確認して，そのうえで最適な代表値を選択するようにしてください。

　代表値として中央値を利用した場合には，散布度は標準偏差ではなく，**平均偏差（mean deviation）**を利用します。標準偏差はあくまでも代表値として平均を利用した場合の散布度です。一方，平均偏差は，中央値を中心としたときの偏差の絶対値の平均です。

　表 2-6 の 5 人のデータ例で，「調和性」の平均偏差を求めています（「中央値からの偏差の絶対値」の列です）。中央値からの偏差の絶対値平均である 7 が，平均偏差です。平均偏差は「中央値からの平均的なデータの散らばり」と解釈されています。「情緒不安定性」についての平均偏差は 6.325 でした。中央値の 7 点から ±6.325 の範囲にデータが平均的に散らばっていることになります。

【文献】
南風原朝和（2002）．心理統計学の基礎──統合的理解のために．有斐閣
森敏昭・吉田寿夫編著（1990）．心理学のためのデータ解析テクニカルブック．北大路書房
並川努・谷伊織・脇田貴文・熊谷龍一・中根愛・野口裕之（2012）．BigFive 尺度短縮版の開発と信頼性と妥当性の検討．心理学研究，83 (2), 91-99.
豊田秀樹（1998）．調査法講義．朝倉書店
山田剛史・村井潤一郎（2004）．よくわかる心理統計．ミネルヴァ書房
吉田寿夫（1998）．本当にわかりやすいすごく大切なことが書いてあるごく初歩の統計の本．北大路書房

Quiz

> 理解できたか チェック してみよう！

問1：クラス1とクラス2のそれぞれ10人の生徒の「開放性」の得点が，以下のような結果となりました。この得点について，平均値（あ）（か），中央値（い）（き），最頻値（う）（く），分散（え）（け），標準偏差（お）（こ）を求めてください。計算結果は小数点第4位を四捨五入してください。

表1：「開放性」尺度得点

クラス1	クラス2
15	15
40	30
5	20
25	40
30	50
45	5
20	30
30	20
10	20
20	10

表2：求める値

代表値 散布度	クラス1	クラス2
平均	（あ）	（か）
中央値	（い）	（き）
最頻値	（う）	（く）
分散	（え）	（け）
標準偏差	（お）	（こ）

問2：外れ値に対する影響されにくさを意味する統計用語はどれですか。

A. 抵抗値　　B. 対抗値　　C. 抵抗策　　D. 耐性　　E. 抵抗性

問3：代表値でないものはどれですか。

A. 分散　　B. 最頻値　　C. 中央値　　D. 平均値

問4：分散の説明で正しいものはどれですか。

A. 分散は測定値の単位に依存しない
B. 分散はひとつの変数の散布度の指標である
C. 分散は順序尺度で測定されたデータにも適用できる
D. 分散の2乗は標準偏差である

問5：標準偏差の説明で正しいものはどれですか。

A. 中央値からのデータの散らばりの指標
B. 最頻値からのデータの散らばりの指標
C. 平均値からの平均的なデータの散らばりの指標
D. 平均 ±SD の範囲に全データが含まれる

問6：分散よりも標準偏差のほうが解釈しやすい理由を，1つ選んでください。

A. 標準偏差のほうが小さくなるから
B. 標準偏差は面積の指標だから
C. 分散は数直線上の長さでないから

第3章 心理尺度の得点を解釈する —— 標準化と正規分布

　第2章で学んだように，図表や代表値・散布度を利用することで，性格に関する個人差を客観的に把握することが可能です。本章では，第2章の内容をさらに一歩進めて，特定の個人の性格を集団内においてどのように評価するか，ということについて学びます。

3.1 個人を最も特徴づける性格とは —— 集団内での位置

　誠信高校夜間部2年4組のA君に，第2章で紹介したビッグファイブを測定する質問紙に回答してもらったところ，「誠実性」の尺度得点は14点，「外向性」は18点でした。この結果から，A君の性格をより特徴づけるのは，「誠実性」より得点の高い「外向性」だと考えてもよいでしょうか。おそらく皆さんは，得点の比較だけでは答えられないと考えたと思います。そこで，分布の平均を求め，そこからのA君の偏差（平均値からの隔たり）を比較してみましょう。

　図3-1に「誠実性」と「外向性」の得点分布の棒グラフを示しました。「誠実性」の学年平均は 9.95，「外向性」の学年平均は 14.8 でした。このことから，A君の「誠実性」と「外向性」の偏差は以下のようになります。

> 「誠実性」の偏差：
> 4.05 = 14 − 9.95
> 「外向性」の偏差：
> 3.2 = 18 − 14.8

　偏差の数値では「誠実性」の 4.05 のほうが大きいので，この結果から，A君の性格をより特徴づけるのは，「誠実性」だと結論を出しても問題ないように思えます。

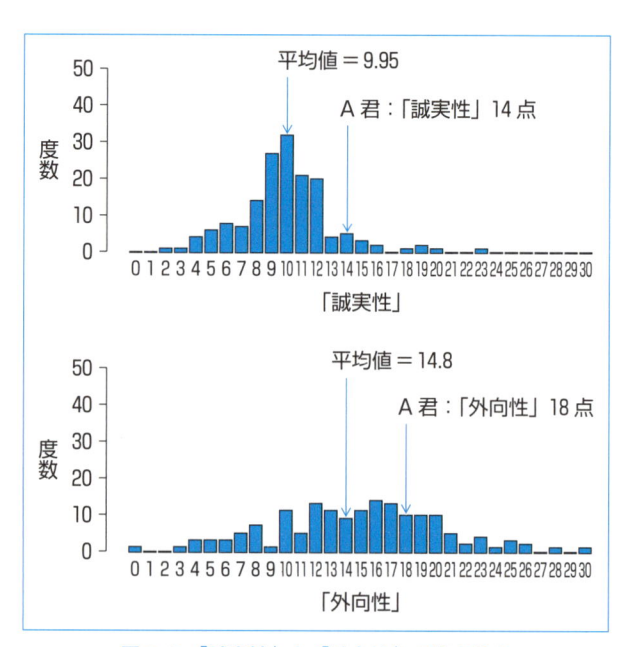

図3-1 「誠実性」と「外向性」の得点分布

しかし，図3-1の棒グラフをよく見ると，平均からのデータの散らばりが，「誠実性」と「外向性」でかなり異なっています。この特徴を無視してもよいのでしょうか。

前章の表2-7では，「誠実性」の標準偏差は3.102，「外向性」の標準偏差は5.367で，「外向性」の散らばりのほうが大きく，散布度からもその違いが示されています。両分布の散らばりも考慮した場合，どちらの得点のほうがその集団で出にくい値だと考えられるでしょうか。

2つの分布をよく見てみると，A君の「誠実性」14点より高い得点を取った人は少ないですが，A君の「外向性」18点よりも高い点を取った人は比較的多くいます。当然，A君の得点以上を取った人数が相対的に少ない「誠実性」の14点のほうが，取ることが難しい値と考えられます。

以上からA君の性格を特徴づけるのは，「外向性」よりも「誠実性」と結論づけることができます。

3.2 z 得点と標準化

A君の性格を特徴づけるのは「誠実性」であるとの判断を得るまでに，3つの情報を利用しました。それは，「データ（A君の得点）」「学年の平均値」「学年の標準偏差」です。3つの情報はすべて数値ですから，これらをうまく利用して，先ほどの判断をさらに客観的に行えるような指標を作れないでしょうか。

「誠実性」14点と「外向性」18点という2つの得点を比較したときに，最初に偏差を計算しました。偏差で比較するというのは，良いアイデアだったと思います。ただ，「誠実性」と「外向性」の分布では，分布の散らばり，つまり標準偏差が異なるので，偏差の比較が効果的ではありませんでした。

そこで，「分布の散らばりの中での得点の出にくさ」を視覚的に評価しました。「分布の散らばりの中での得点の出にくさ」を数字で表す方法はいろいろありますが，ここでは，偏差÷標準偏差という比を用いることにします。この比は，平均的なデータの散らばりを基準とした場合に，個人の偏差はその何倍かということを意味しています（解釈1）。「標準偏差を1とした場合の個人の偏差の比」と解釈することもできます（解釈2）。この比を **z 得点（z-score）** と呼びます。概念図で表すと図3-2のように，式で表すと以下のようになります。

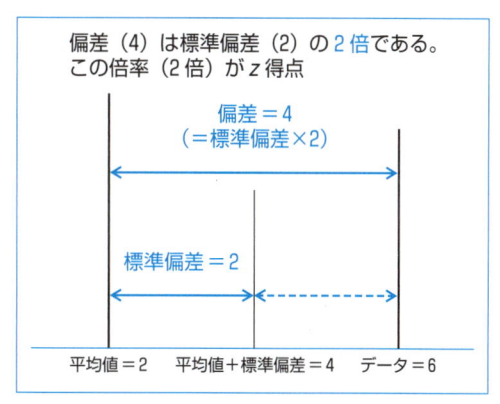

$$z\text{得点} = \frac{\text{データ} - \text{平均}}{\text{標準偏差}} = \frac{\text{偏差}}{\text{標準偏差}}$$

図 3-2 標準得点は偏差と標準偏差の比

図 3-3 は，A 君のデータを z 得点に変換する過程を説明したものです。計算の結果，「誠実性」の z 得点は 1.306，「外向性」の z 得点は 0.596 です。z 得点の値が大きいほうが，分布の中で相対的に出にくい値をとっていると解釈できますから，A 君は「誠実性」の面で特徴的な性格である，と結論を出すことができます。

データを z 得点に変換することを**標準化（standardization）**と呼びます。次項で解説するように，標準化にはバリエーションがあります。

「誠実性」の平均値（9.95），標準偏差（3.102）

$$\text{「誠実性」} z \text{得点} = \frac{14 - 9.950}{3.102} = \frac{4.05}{3.102} = 1.306$$

解釈1　A 君の「誠実性」得点の偏差は標準偏差の 1.306 倍
解釈2　$4.05 : 3.102 = 1.306 : 1$

「外向性」の平均値（14.8），標準偏差（5.367）

$$\text{「外向性」} z \text{得点} = \frac{18 - 14.8}{5.367} = \frac{3.2}{5.367} = 0.596$$

解釈1　A 君の「外向性」得点の偏差は標準偏差の 0.596 倍
解釈2　$3.2 : 5.367 = 0.596 : 1$

図 3-3　z 得点の計算過程とその意味

3.3 偏差値で考える

z 得点は，生徒ごとに計算することができます。表 3-1 は，「開放性」得点について，クラス 1 の女子 19 人のデータを抽出したもので，「z 得点」の列がそれです。

z 得点の平均値と標準偏差に注目してください。平均値は 0，標準偏差は 1 になっています。しかし，変換前の「開放性」得点は，平均値 41.474，標準偏差 15.608 であり，標準化することで平均値と標準偏差が変化したことがわかります。

データを z 得点に変換すると，データ行列によらず，z 得点の平均は 0，標準偏差は 1（z 得点を計算するとき分母に置いたため）になるという性質があります。平均値と標準偏差が変わ

表 3-1　z 得点と偏差値

学籍番号	開放性	偏差	z 得点	偏差値
12006	48	6.526	0.418	54.181
12011	39	−2.474	−0.158	48.415
12031	36	−5.474	−0.351	46.493
12032	36	−5.474	−0.351	46.493
12034	63	21.526	1.379	63.792
12080	13	−28.474	−1.824	31.757
12084	40	−1.474	−0.094	49.056
12085	30	−11.474	−0.735	42.649
12096	41	−0.474	−0.030	49.697
12102	49	7.526	0.482	54.822
12103	11	−30.474	−1.952	30.476
12108	50	8.526	0.546	55.463
12118	58	16.526	1.059	60.588
12122	40	−1.474	−0.094	49.056
12123	61	19.526	1.251	62.510
12136	15	−26.474	−1.696	33.039
12139	43	1.526	0.098	50.978
12152	67	25.526	1.635	66.354
12158	48	6.526	0.418	54.181
平均値	41.474	0	0	50
標準偏差	15.608	15.608	1	10

るので，分布の形も変わるものと誤解する人が多いのですが，そうではありません。表3-2を見てください。

表3-2は，19人の尺度得点とz得点の，度数分布を示したものです。度数分布は「（尺度）得点」と「z得点」で，一対一で対応しています。また，数値間の位置関係にも変化がないことを示すために，「差得点÷範囲」という変数を作成しています。差得点とは，その得点と1つ前の得点との差のことです。また範囲とは，最高点と最低点の差のことです。この計算をすることで，最高点と最低点で挟まれる区間を基準としたときの，得点間の差の割合がわかります。たとえば13点という「得点」に対応する「差得点÷範囲」の計算結果は，最高点67点，最低点を11点として次のように求めています。

表3-2 得点・z得点の度数と差得点とSDの比

得点	差得点÷範囲	度数	z得点	差得点÷範囲	度数
11	0.000	1	−1.952	0.000	1
13	0.036	1	−1.824	0.036	1
15	0.036	1	−1.696	0.036	1
30	0.268	1	−0.735	0.268	1
36	0.107	2	−0.351	0.107	2
39	0.054	1	−0.158	0.054	1
40	0.018	2	−0.094	0.018	2
41	0.018	1	−0.030	0.018	1
43	0.036	1	0.098	0.036	1
48	0.089	2	0.418	0.089	2
49	0.018	1	0.482	0.018	1
50	0.018	1	0.546	0.018	1
58	0.143	1	1.059	0.143	1
61	0.054	1	1.251	0.054	1
63	0.036	1	1.379	0.036	1
67	0.071	1	1.635	0.071	1

$$(13 - 11) \div (67 - 11) = 0.036$$

「得点」と「z得点」では，「差得点÷範囲」の分布が完全に一致しているのがわかるでしょう。

標準化とは，測定対象の分布の形状自体に手を加えるものではなく，「測定対象に数値を割り振るルールを変更する」ものです。つまり尺度を変えるということです。z得点とは平均値が0，標準偏差が1になるように，測定対象に数値を割り振るという標準化法のひとつです。

z得点同様に重要な標準化法に，**偏差値（deviation score）**があります。偏差値は以下の式で求めることができます。

$$偏差値 = z得点 \times 10 + 50$$

たとえば，表3-1で学籍番号「12006」の生徒のz得点は0.418ですから，この生徒の偏差値は以下のとおりです。

$$54.18 = 0.418 \times 10 + 50$$

表3-1の「偏差値」の列を見ると，平均値は50，標準偏差は10になっています。データ

行列によらず，偏差値の平均値は 50，標準偏差は 10 になります。z 得点同様，偏差値に変換しても分布の形状は変化しません。

3.4 標準得点を有効活用する

z 得点も偏差値も，標準化の手続きによって得られたスコアなので，標準得点（standardized score）といいます。標準得点がわかれば，たとえば，z 得点が 2（偏差値だと 70）ならば，尺度得点が標準偏差 2 つ分だけ平均値より大きい値をとっていると解釈することができます。平均的なデータの散らばりの 2 倍の位置にいますから，分布の右端に近いことが推測できます。逆に z 得点が -1.0（偏差値 40）ならば，得点が標準偏差 1 つ分だけ平均値より小さい値をとっているということです。標準得点を使った考え方をさらに効果的にするため正規分布（normal distribution）という統計概念を取り入れてみましょう。

3.4.1 正規分布

図 3-4 ① のヒストグラムを見てください。これは 10 万人の身長を階級幅 2cm で表現したものです。縦軸は度数ではなく，それを 10 万で割った割合になっています。この割合を相対度数（relative frequency）と呼びます。相対度数はここでは「確率」と置き換えて考えてもよいです。割合なので，すべての階級における相対度数の和（確率の和）は 1 になります。② は階級幅を 1cm，③ は階級幅を 0.5cm，④ は階級幅を 0.2cm にそれぞれ設定しています。階級幅を狭くするにしたがって，相対度数のヒストグラムは，左右対称のなめらかな釣り鐘状になっていくことがわかります。

階級幅が 0.2cm である ④ の分布の形状は，⑤ のような曲線で表示しても問題ないレベルまでなめらかになっています。思い切ってこのヒストグラムを曲線で表示してみましょう。この左右対称の釣り鐘状の曲線を正規分布と呼びます。相対度数のヒストグラムではなくて，曲線

質問コーナー

実際のデータの分布が，正規分布しているようなことってあるのでしょうか？ 完璧に左右対称の分布なんてありえないと思うのですが。

　はい，実際のデータが正規分布するということは，現実的にありえません。正規分布とは完全に左右対称な曲線であり，理論上でしか存在しえない確率の分布です。ヒストグラムで表現できる分布は，実際に得られるという意味で，経験分布ともいわれます。それに対して，正規分布は，実際には決して得られない理論的分布です。ですから，正規分布を利用して尺度得点を解釈する場合には，必ず「変数が正規分布しているとしたら」という仮定を置きます。正規分布は第 5 章以降で大活躍しますので，そちらも参照してください。

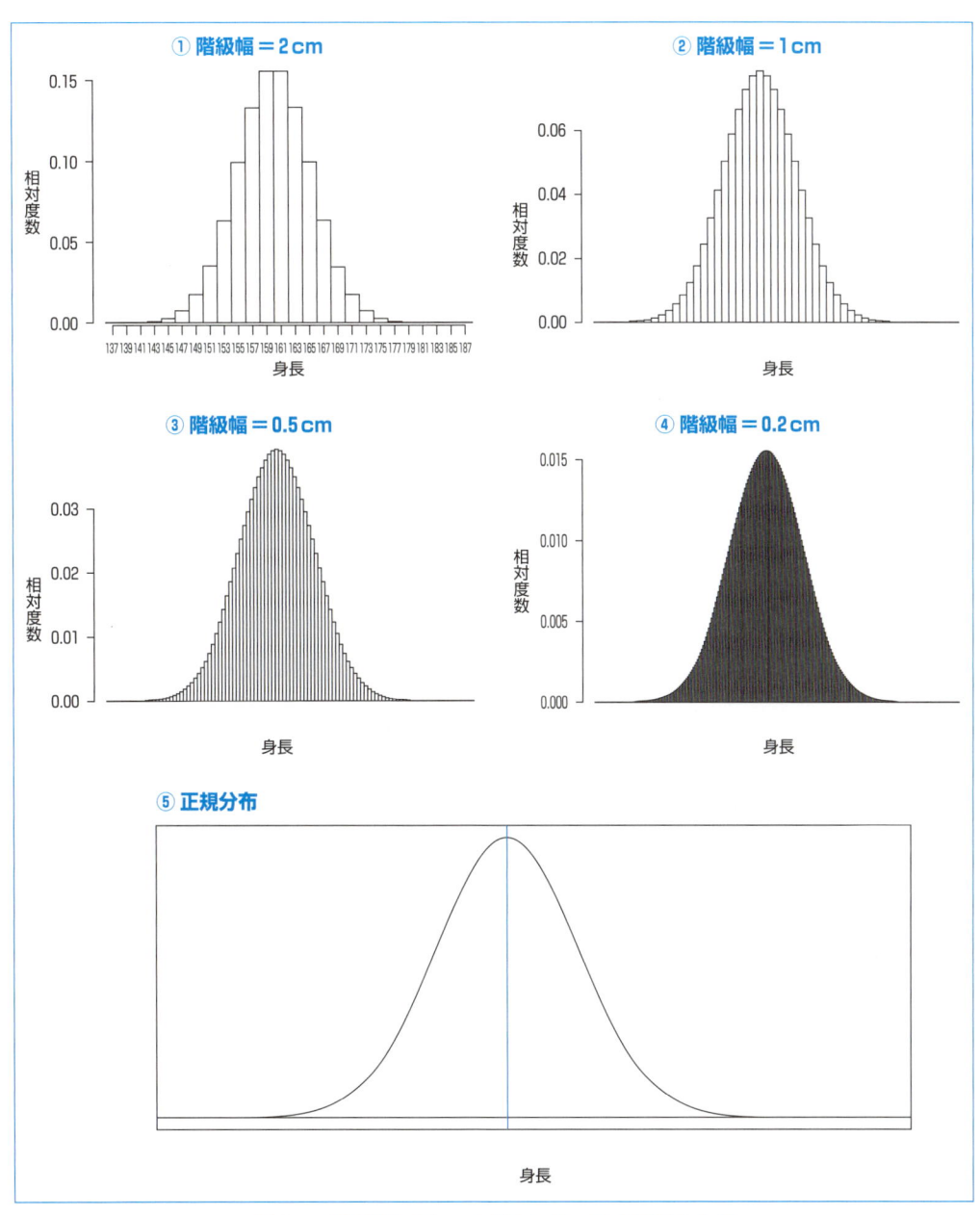

図 3-4　相対度数のヒストグラム ①〜④ と正規分布 ⑤

であるということに注意してください。この区別は非常に重要です。

　正規分布は曲線に囲まれた面積が 1 になっていて，たとえば，「図中の中心線よりも小さな値が出現する確率は 0.5」というように，横軸の区間と曲線に囲まれた部分の面積を，その区間内の値が出現する確率として解釈できます。したがって，正規分布の縦軸は，単に曲線の「高さ」であって，①〜④ のように確率（相対度数）を意味していません。あえて縦軸の目盛りを非表示にしているのはそのためです。

3.4.2 標準正規分布による標準得点の意味づけ

図 3-4 の ⑤ は身長に関する正規分布でした。横軸の単位は cm です。この身長を，z 得点に標準化することを考えます。そうすると，図 3-5 のように，横軸が z 得点になります。cm の得点を z 得点に変換すると，平均値は 0，標準偏差は 1 になりますが，分布の形は変化しないことを表 3-2 で学びました。正規分布についてもそのことは当てはまります。平均値が 0，標準偏差が 1 に標準化された正規分布を，**標準正規分布（standard normal distribution）** と呼びます。

標準正規分布もその曲線に囲まれた面積が 1 になっていて，たとえば z 得点が 0 以上の値をとる確率は，0.5 と求めることができます。また，$-1 \sim +1$ の範囲に全体の 68.3％ が，$-2 \sim +2$ の範囲に全体の 95.4％ が含まれることがわかっています。これらの確率は本書巻末の付録の 1，**標準正規分布表（standard normal distribution table）** に掲載してあります。

分布表の見方を説明します。図 3-5 に標準正規分布表の一部を抜粋しました。1 列目には z 得点が記載されており，2 列目には平均 0 から対応する z 得点までの値 Z（表中の記号では Z〈ラージゼット〉で表現されています）が出現する確率（A）が，3 列目には対応する z 得点以上の値 Z が出現する確率（B）が，それぞれ記載されています。

たとえば，$z = 0.03$ の行を見てください。2 列目に表示されている確率（A）は 0.0120 となっています。つまり，標準正規分布では，$0 \sim 0.03$ の範囲内の値が出現する確率は，0.0120 であると読み取れます。3 列目に表示されている確率（B）は 0.4880 となっています。つまり，0.03 以上の値が出現する確率は，0.4880 であることが読み取れます。

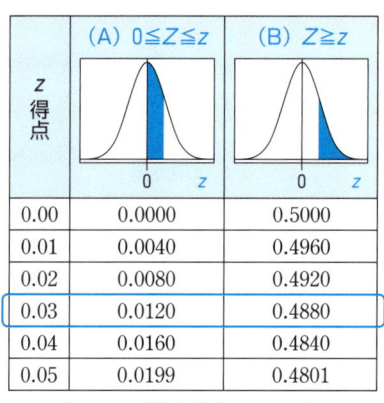

z 得点	(A) $0 \leq Z \leq z$	(B) $Z \geq z$
0.00	0.0000	0.5000
0.01	0.0040	0.4960
0.02	0.0080	0.4920
0.03	0.0120	0.4880
0.04	0.0160	0.4840
0.05	0.0199	0.4801

図 3-5 標準正規分布表の見方

質問コーナー

標準化にはさまざまなバリエーションがあるということですが，z 得点や偏差値以外にどのようなものがありますか？

標準化とは，分布の形を変えずに，尺度の平均と標準偏差を任意の値に変換する方法です。z 得点ならば，平均 0，標準偏差 1 が，偏差値ならば平均 50，標準偏差 10 がそれぞれ割り当てられます。それでは，より一般的に，平均を a，標準偏差を b に変換するにはどうしたらよいでしょうか。そのためには，z 得点 × b + a という式を利用すればよいのです。偏差値とは a = 50，b = 10 とした場合の標準得点です。また z 得点は，a = 0，b = 1 とした場合の標準得点です。a と b の組み合わせの分だけ（つまり無数に）標準化のバリエーションがあります。

正規分布は左右対称ですから，$-0.03 \sim +0.03$ までの間の値が出現する確率は，$0 \sim 0.03$ までの値が出現する確率 0.0120 を 2 倍することで，0.0240 と求めることができます。同様に，0.03 以上または -0.03 以下の値が出現する確率は，0.4880 を 2 倍することで，0.976 と求めることができます。

さて，もっと多くの生徒（たとえば日本の高校生全員）から「誠実性」の得点が収集するとき，その棒グラフは正規分布に近い形状になると仮定できたとします。この仮定のもと，得点を z 得点に変換することで，標準正規分布表の確率を得点の解釈に利用することができます。A 君の「誠実性」の z 得点は 3.2 節で求めたように $1.306 \fallingdotseq 1.31$ です。標準正規分布表から，1.31 以上の値が現れる確率は，0.0951（9.51％）になっています。ここから，A 君の「誠実性」は，全体集団内でも上位 10％ 以内にランキングされるほど高い値であることがうかがえます。

図 3-6 ⓑ は，正規分布に従う得点を，偏差値に変換したあとの分布です。表 3-2 で解説したように，偏差値に変換しても分布の形状は変わりません。偏差値で表現すると，$40 \sim 60$ の範囲に全体の 68.3％ が，$30 \sim 70$ の範囲に全体の 95.4％ 含まれることになります。A 君の「誠実性」の z 得点は 1.31 でしたから，偏差値は以下のようになります。

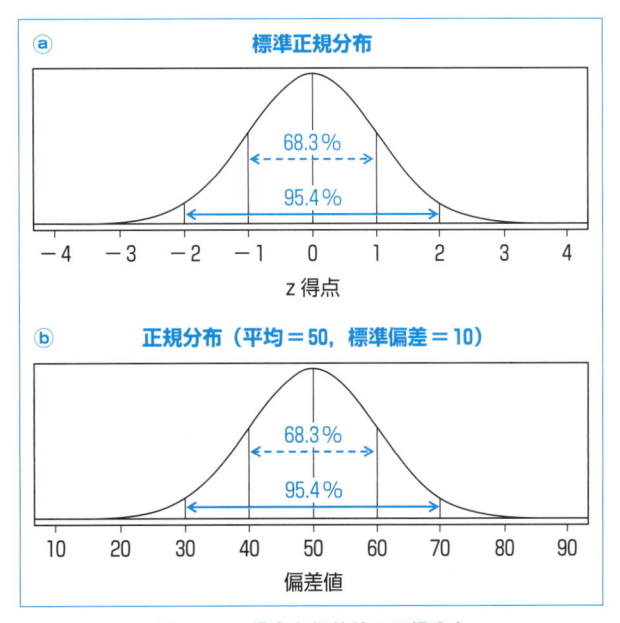

図 3-6　z 得点と偏差値の正規分布

$$63.1 = 1.31 \times 10 + 50$$

仮に「誠実性」得点分布が正規分布になるのなら，63.1 以上の値が出現する確率は，先に求めたように 0.0951 になります。

このように変数の分布として正規分布を仮定できるのなら，ある 1 つの得点について，確率を伴った考察をすることができます。また，性格検査や知能検査，学力検査，言語能力テストといった各種心理尺度の得点分布は，たくさんの人からデータを収集した場合に，（非常に興味深いのですが）正規分布に近くなることが知られています。心理学において最も重要な分布といってもよいでしょう。

【文献】

南風原朝和（2002）．心理統計学の基礎——統合的理解のために．有斐閣
森敏昭・吉田寿夫編著（1990）．心理学のためのデータ解析テクニカルブック．北大路書房
豊田秀樹（1998）．調査法講義．朝倉書店
山田剛史・村井潤一郎（2004）．よくわかる心理統計．ミネルヴァ書房
吉田寿夫（1998）．本当にわかりやすいすごく大切なことが書いてあるごく初歩の統計の本．北大路書房

Quiz

理解できたかチェックしてみよう！

問 1：表 1 はあるクラスの生徒 10 人における数学テストの結果です。このデータを利用して，表中の（あ）（い）（う）（え）の 4 つの値を求めてください。また（え）の値と数学得点の分散を比較し，その結果について考察してください。数値は小数点以下第 4 位で四捨五入してください。

表 1：10 人の生徒の数学テストの結果

生徒	数学得点	偏差	z 得点	偏差値
1	5	（あ）		
2	15			
3	25			
4	40			
5	45		（い）	
6	40			
7	25			
8	20			（う）
9	15			
10	10			
平均				
分散		（え）		
標準偏差				

問 2：z 得点を求める過程で，偏差を標準偏差で割ることの意味を説明してください。

問 3：表 1 の数学得点について，平均を 100，標準偏差を 500 にするためにはどのような標準化の手続きを取ればよいでしょうか。

問 4：数学テストの素点の分布を z 得点と偏差値に変換したとします。z 得点の平均は 0，標準偏差は 1 で，偏差値の平均は 50，標準偏差は 10 です。平均や標準偏差の値が異なるので，分布の形状は変化したのでしょうか。あなたの考えを述べてください。

問 5：図 3-4 の ④ と ⑤ の違いを説明してください。

問 6：巻末の標準正規分布表を利用して，$z = 1$ から $z = 1.5$ の範囲内の値が出現する確率を求めてください。

問7：あなたの取った数学のz得点よりも大きなz得点が出現する確率が，標準正規分布表にで0.05未満ならば，あなたは成績優秀者として殿堂入りします。あなたのz得点は1.8点だったとして，この得点は殿堂入りしているでしょうか。標準正規分布表を利用し調査結果を報告してください。

第4章 職場環境とストレスの関係を把握する ── 多変数の関係性の分析

　社員数の多い企業では、社員のメンタルヘルスに影響を与える可能性がある職場環境（勤務時間，給与条件，人間関係，組織の規則等）を調査し，改善への参考にすることがあります。それにより，職場環境への社員の不適応を未然に防ぐことができ，社員間での緊張関係も緩和することができます。長い目で見れば，企業全体の活動も良い方向へ活性化するでしょう。

　このような調査では，たとえば「職務における責任」と「職務満足感」との関係性，「社内の対人関係の良好性」と「会社に対する信頼感」との関係性といったように，心理的な変数間の関係性について興味をもたれることが多くなります。

　第1～3章までは，1つの変数の分布状況について，図や表，そして数値によって要約する方法を学びました。しかし，その知識だけでは，変数間の関係性について考察することはできません。本章では，ストレス心理研究でよく使われている変数を使って，2つの変数間の関係性を統計的に考察する方法について学びます。

4.1 メンタルヘルス・データ

　専門商社「誠信商事」の従業員1,000人に対して，仕事のやりがいやストレスについて，6つの心理尺度が含まれた質問紙を実施しました。表4-1は，その調査結果の一部を抜粋したものです。

表4-1 「誠信商事」での調査結果のデータ行列（8人分のみ抜粋）

年齢	抑うつ	活力	責任	コントロール	ソーシャルサポート	職務満足
35	37	52	45	43	1	1
25	52	47	37	41	0	0
60	60	36	61	58	1	1
49	65	67	62	54	1	1
33	53	42	48	36	1	1
55	57	49	61	60	1	1
40	40	58	52	59	0	0
40	45	38	50	45	1	1

　「抑うつ」「活力」は，心的疲弊度を測定する心理尺度の尺度得点です。また，「責任」は職務に対する責任感を，「コントロール」は統制感（職務の成果を自分でコントロールできている感覚）をそれぞれ測定する心理尺度の尺度得点で，0～100点の間の値を取ります。

　「ソーシャルサポート」は，自分がストレス状況に陥っているとき，支えてくれる環境が身の

回りにあるかについて,「はい」ならば「1」を,「いいえ」ならば「0」で回答させた変数です。また,「職務満足」は,自分の職務について「満足している」のならば「1」を,「満足していない」のならば「0」で回答させた変数です。

「抑うつ」「活力」「責任」「コントロール」は,それぞれ間隔尺度で測定された変数と見なします。また,「ソーシャルサポート」と「職務満足」については,順序尺度で測定された変数と見なします。この2つの変数は,性別のように「0」か「1」の2値しかとらない変数ですが,名義変数ではありません。0よりも1の状態が好ましいといえるからです。

表 4-2 は,年代別に各変数の平均値を求めた結果です。「ソーシャルサポート」「職務満足」の行には,「1」と回答した人の割合が掲載されています。たとえば「抑うつ」について年代順に平均を追っていくと,加齢とともに平均値が上昇する傾向があります。また,「ソーシャルサポート」も同じように,加齢とともに「はい」と回答する割合が上昇する傾向があります。つまり,「年齢」と「抑うつ」「ソーシャルサポート」には,何らかの関係があることが予想されます。

表 4-2　年代別の尺度得点の平均および割合

変数名	20歳以上 30歳未満	30歳以上 40歳未満	40歳以上 50歳未満	50歳以上 60歳未満	60歳以上
抑うつ	44.766	47.753	52.069	54.542	56.444
活力	54.089	51.804	49.475	45.668	45.519
責任	39.634	46.015	52.387	59.071	62.963
コントロール	41.821	47.66	52.373	56.403	58.519
ソーシャルサポート	0.281	0.418	0.578	0.689	0.704
職務満足	0.668	0.428	0.583	0.618	0.556

4.2　相関と散布図

本節では,「年齢」と「抑うつ」に注目してみましょう。両者の間には,一方の値が大きくなるほど,他方の値も大きくなる,という傾向がありました。表 4-2 のように年代別に平均値を計算するというのもひとつの方法ですが,この関係を視覚的に把握したい場合には,**散布図（scatter plot）**を使用します。散布図は,2変数が間隔尺度か比率尺度で測定されている場合に利用します。両尺度で測定された変数を**量的変数（quantitative variable）**と呼ぶこともありますが,散布図は量的変数に適用します。

4.2.1　正の相関

図 4-1 は,「年齢」と「抑うつ」に関する散布図です。散布図内の「○」一つ一つが,各社員の「年齢」と「抑うつ」に関するデータ状況を表しています。たとえば,青い楕円で囲まれているのは,若手の有望株「近藤さん」のデータです。彼は 35 歳ですが,すでに係長として 30 人の部下を従えています。残業も厭わない頑張り屋なのですが,同年代の社員と比べると

「抑うつ」が73点で，高くなっています。ここでは紹介しませんが，その他の〇にも，999人の社員それぞれのストーリーがあります。

散布図を描くことで，2つの変数の関係について考察することができます。この関係のことを，統計学では**相関（correlation）**と呼びます。相関は，量的変数間の関連性について説明するときに利用します。

図4-1を眺めると，「年齢」が高くなるほど，「抑うつ」の得点が上昇するという傾向の存在に気づくと思います。このように，一方の変数の値が大きくなるほど，もう一方の変数の値も大きくなるような関係を，**正の相関（positive correlation）**と呼びます。散布図を描いて，データの分布が「右上がり」であれば，正の相関があると解釈します。

4.2.2 負の相関

図4-2は，「年齢」と「活力」に関する散布図です。図4-1とは逆に，一方の変数の値が大きくなるほど，もう一方の変数の値が小さくなるような関係があります。このような関係を**負の相関（negative correlation）**と呼びます。散布図を描いて，データの分布が「右下がり」であれば，負の相関があると解釈します。

表4-2でも，「年齢」が上がるほど「活力」の平均点は下がる，という傾向もうかがえますが，散布図を描くことで，その傾向を視覚的に把握することができます。

4.2.3 無相関

図4-3は，表4-1には含まれていないデータで作成した図です。横軸の変数Xに応じて，縦軸の変数Yが規則性をもって変化していません。このような関係を，**無相関（no correlation）**

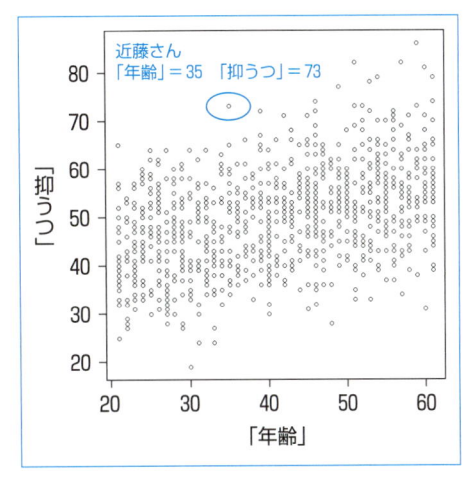

図4-1 「年齢」と「抑うつ」に関する散布図

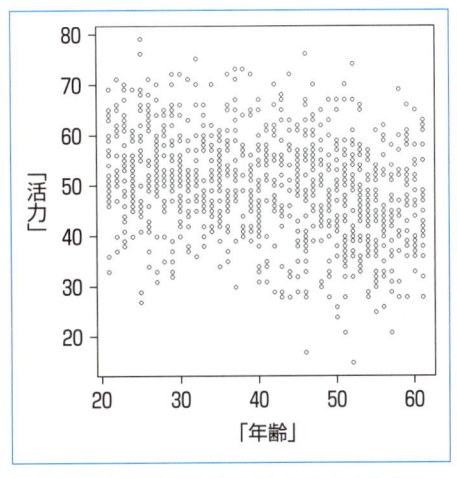

図4-2 「年齢」と「活力」に関する散布図

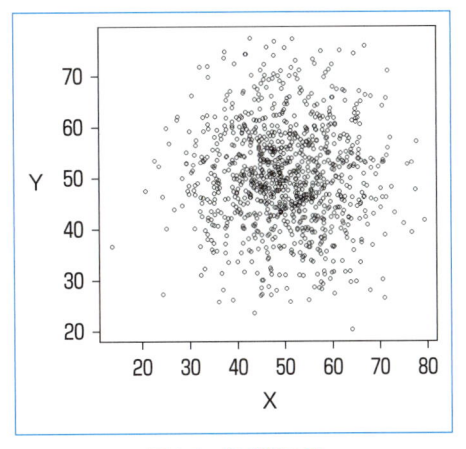

図4-3 無相関の図

と呼びます。

4.3 共分散による相関の数的表現

散布図による相関の把握も効果的ですが，この関係を数値によって表現できれば，さらに効率的に2つの変数の分布について説明できるようになります。相関の指標には，**共分散（covariance）** と**相関係数（correlation coefficient）** があります。結果の解釈がしやすいのは相関係数ですが，その計算の過程で共分散が必要となります。まず，共分散について解説します。

4.3.1 「右上がり」の散布図をていねいに眺める

表4-3は，1,000人から抽出した8人の，「年齢」と「抑うつ」得点のデータ行列です。「年齢」と「抑うつ」について平均を求めたところ，40歳と50点になりました。図4-4は2変数の散布図です。「年齢」の平均値を垂直線，「抑うつ」の平均値を水平線として，散布図上に表現しました。この2本の直線によって区切られる平面上の4領域に，右上から反時計周りに「第Ⅰ象限」「第Ⅱ象限」「第Ⅲ象限」「第Ⅳ象限」というラベルを付けました。

表4-3 8人の社員の「年齢」と「抑うつ」得点

社員	年齢	抑うつ
山下	20	20
内藤	25	60
柴田	30	30
池田	40	55
小倉	45	60
臼井	45	65
斉藤	50	20
中畑	65	90
合計	320	400
平均	40	50
標準偏差	13.693	23.049

さて，散布図の形状を確認すると右上がりになっていることが明らかです。もちろん，「斉藤さん」（50歳で，抑うつ得点が20点）や，「内藤さん」（25歳で，抑うつ得点が60点）のような例外もありますが，全体として見れば，正の相関が存在する散布図になっています。

ところで，右上がりの散布図になっている場合には，第Ⅰ象限と第Ⅲ象限により多くデータが集まり，第Ⅱ象限と第Ⅳ象限には少数のデータしかないことになります。今回のデータでも，第Ⅱ象限に「内藤さん」，第Ⅳ象限に「斉藤さん」，第Ⅰ象限と第Ⅱ象限の境界に「池田さん」，その他の5人の社員は第Ⅰ象限と第Ⅲ象限にあるので，印象としては右上がりの散布図になります。

共分散は，第Ⅰ象限と第Ⅲ象限に多くのデータが布置されている場合には，正に大きくなる統計指標です。つまり正の相関が存在する場合には，正に大きくなります。一方で，第Ⅱ象限と第Ⅳ象限に多くのデータが布置されている場合には，右下がりの散布図になりますが，この場合，共分散は負に大きくなる指標です。

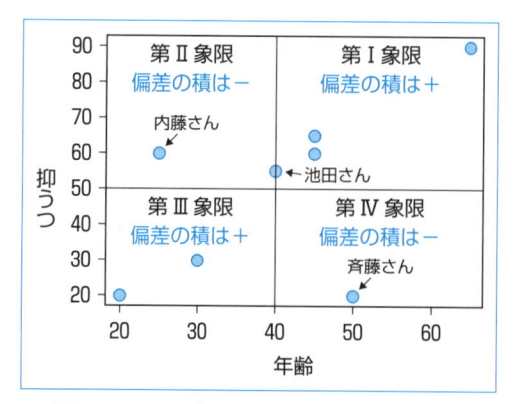

図4-4 8人の「年齢」と「抑うつ」の散布図

4.3.2 共分散の求め方

【ステップ1――2変数の平均値を求める】 「年齢」の平均値は40,「抑うつ」の平均値は50です。

【ステップ2――2変数について偏差を求める】 たとえば「山下さん」の「年齢」のデータは20,「抑うつ」は20です。それぞれの偏差は,「年齢」で20－40＝－20,「抑うつ」で20－50＝－30です。これを「中畑さん」までの全員分を求めた結果を,表4-4の「年齢偏差」「抑うつ偏差」に記載しました。

表4-4 共分散の計算過程

社員	年齢	抑うつ	年齢偏差	抑うつ偏差	偏差の積
山下	20	20	－20	－30	600
内藤	25	60	－15	10	－150
柴田	30	30	－10	－20	200
池田	40	55	0	5	0
小倉	45	60	5	10	50
臼井	45	65	5	15	75
斉藤	50	20	10	－30	－300
中畑	65	90	25	40	1000
合計	320	400	0	0	1475
平均	40	50	—	—	184.375
標準偏差	13.693	23.049			

■：共分散

【ステップ3――偏差の積を求める】 たとえば「山下さん」の「年齢偏差」は－20,「抑うつ偏差」は－30になります。その積は－20×－30＝600となります。これを「中畑さん」まで全員分求めた結果を表4-4の「偏差の積」に記載しました。この計算を行う意味は次項で説明します。

【ステップ4――偏差の積和を求めデータ数で割る】 「偏差の積」を合計すると表4-4のとおり,1475になることがわかります。これを**偏差の積和**と呼びます。そして偏差の積和をデータ数で割ったものが共分散です。今回の場合には,1475÷8＝184.375となります。値が正に大きいので,正の相関があることが示されています。散布図の形状と整合しています。

ステップ1～4の過程を式にすると,変数Xと変数Yの共分散は下記のようになります。

$$XYの共分散 = \frac{偏差の積和}{データ数}$$

4.3.3 偏差の積の意味

ステップ3で個人ごとに偏差の積を求めましたが，表4-4を見ると，この値が負になっているのは「内藤さん」と「斉藤さん」です。この二人は，どちらか一方の変数のみ得点が平均以下です。「内藤さん」は第Ⅱ象限に，「斉藤さん」は第Ⅳ象限に位置していることは図4-4に見たとおりです。偏差の積が負になるのは，どちらか一方の変数で平均以下の得点をとっており，第Ⅱ象限と第Ⅳ象限にデータが位置していることを意味しています。図4-4の第Ⅱ象限と第Ⅳ象限に，「偏差の積は−」と示されていることを確認してください。

図4-4で考察したとおり，負の相関となるのは，第Ⅱ象限と第Ⅳ象限に相対的にデータが多い場合です。「偏差の積」が負になるデータが多いので，偏差の積和は負に大きくなり，同様に共分散も負に大きくなります。一方，表4-4の8人に関しては，第Ⅰ象限と第Ⅲ象限に相対的に多くのデータが集まっているので，偏差の積和は正になり，共分散も正になります。図4-4の第Ⅰ象限と第Ⅲ象限に，「偏差の積は＋」と示されていることを確認してください。

4.3.4 共分散が0になる場合

共分散が正に大きくなる場合，負に大きくなる場合については，4.3.3項の説明で理解できたと思います。では，共分散が0に近づく場合とは，どのような散布状況でしょうか。共分散が0に近づくとは，偏差の積和が0に近づくということです。それが成り立つのは，図4-3の変数Xと変数Yの散布図のようなかたちです。すなわち，第Ⅰ象限から第Ⅳ象限まで，まんべんなくデータが散布しているような状況です。つまり，共分散が0であるときは，2変数は無相関であることを意味します。

4.4 共分散の欠点と相関係数による克服

4.4.1 共分散は単位に依存する

表4-3の「年齢」と「抑うつ」をz得点に変換したうえで再度，共分散を求めました。その計算過程を表4-5に示します。「偏差の積」の合計は4.673で，共分散は0.584（＝4.673÷8）となっています。標準化する前の共分散は184.375であったことを考えると，値はかなり0に近づきました。

「値が0のとき，共分散は無相関を表現する」ということでしたが，標準化したことで，分布の形状が無相関に変形してしまったのでしょうか。もちろん，そうではありません。標準化しても分布の形状は変わらないことは，第3章で学びました。したがって，共分散の値が0に近くなったのは，「測定対象に対する数値の割り当て方が変わっただけ」と解釈すべきです。この共分散が単位に依存するという性質は，解釈において非常に不便です。

表 4-5　z 得点に変換した後の共分散の計算過程

社員	年齢（z 得点）	抑うつ（z 得点）	年齢偏差	抑うつ偏差	偏差の積
山下	−1.461	−1.302	−1.461	−1.302	1.902
内藤	−1.095	0.434	−1.095	0.434	−0.475
柴田	−0.730	−0.868	−0.730	−0.868	0.634
池田	0.000	0.217	0.000	0.217	0.000
小倉	0.365	0.434	0.365	0.434	0.158
臼井	0.365	0.651	0.365	0.651	0.238
斉藤	0.730	−1.302	0.730	−1.302	−0.951
中畑	1.826	1.735	1.826	1.735	3.168
合計	0.000	0.000	0.000	0.000	4.674
平均	0.000	0.000	—	—	0.584
標準偏差	1	1			

■：共分散　　■：標準化されている

4.4.2　相関係数

共分散には面白い性質があります。図 4-5 のように，「垂直線・水平線以外で一直線にデータを並べることができるとき」，2 変数には**完全な正の相関**があると表現されますが，このときの共分散は「2 変数の標準偏差の積に一致する」という性質があります。つまり，完全な正の相関が得られている散布図では，以下の式が成り立ちます。

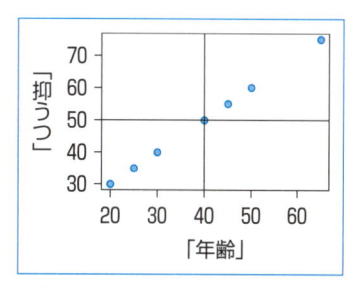

図 4-5　完全な正の相関の散布図

$$XY \text{の共分散} = X \text{の標準偏差} \times Y \text{の標準偏差}$$

ちなみに，図 4-5 の「年齢」の標準偏差は 13.693，「抑うつ」の標準偏差も 13.693 となっています。そして，共分散は 187.5 になりますが，これは二つの標準偏差の積 13.693×13.693 ≒ 187.5 に一致していて，かつ，この値が共分散の上限になっています[*5]。実際の散布図では，完全な正の相関の形状になっていませんから，その共分散は標準偏差の積よりも必ず小さくなります。

ところで，表 4-4 の 8 人のデータ（完全な正の相関ではない）では，「年齢」の標準偏差は 13.693，「抑うつ」の標準偏差は 23.049 でした。仮に両変数に完全な正の相関があれば，そのときの共分散は 315.610（＝13.693×23.049）になります。これが，標準偏差を一定にした場合の，共分散の上限になります。ただ，実際には「完全な相関」が得られているわけでないので，共分散はその上限よりも小さな値になっています。具体的には「年齢」と「抑うつ」の共分散は 184.375 でした。

[*5]　証明については南風原（2002）を参照してください。

相関係数とは，完全な相関がある場合の共分散を基準としたときの，実際の共分散の比で表現されます。

$$\text{XY の相関係数} = \frac{\text{XY の共分散}}{\text{X の標準偏差} \times \text{Y の標準偏差}}$$

分母は必ず 0 以上の値になりますが，負の相関の場合，分子は負の値をとりえます。ただし，分子の絶対値は，必ず分母以下になりますから，相関係数は −1 〜 +1 の間の値をとります。数値と関係の強さの対応については，｜相関係数｜を相関係数の絶対値とするとき，以下が慣習的に用いられています。

$0.0 <$ ｜相関係数｜≤ 0.2　　ほとんど相関なし
$0.2 <$ ｜相関係数｜≤ 0.4　　弱い相関あり
$0.4 <$ ｜相関係数｜≤ 0.7　　中程度の相関あり
$0.7 <$ ｜相関係数｜≤ 1.0　　強い相関あり

相関係数には，「単位に依存しない」という大変便利な性質があります。表 4-4 のデータに基づいて算出した相関係数は，0.584 でした。では，表 4-4 を標準化したデータの相関係数を表 4-5 から算出すると，下記のようになります。

$$0.584 = \frac{0.584 (共分散)}{1 (「年齢」 SD) \times 1 (「抑うつ」 SD)}$$

結果は，標準化する前の相関係数と同じになります。つまり，z 得点の共分散は相関係数に一致することがわかります。

表 4-4 の例では，相関係数は 184.375 ÷ 315.610 = 0.584 ですから，中程度の相関が観測されたことになります。上述の数値と関係の強さの対応は，絶対的な基準ではありません。研究領域によって，この対応は変化する可能性があります。

4.5 相関係数の解釈

4.5.1 散布図と相関係数の対応

図 4-6 に相関係数と散布図の対応関係を示しました。相関係数が 1 である場合には，その散布図は，ⓐのように右上がりの直線で表現できます。式は下記のとおりです。

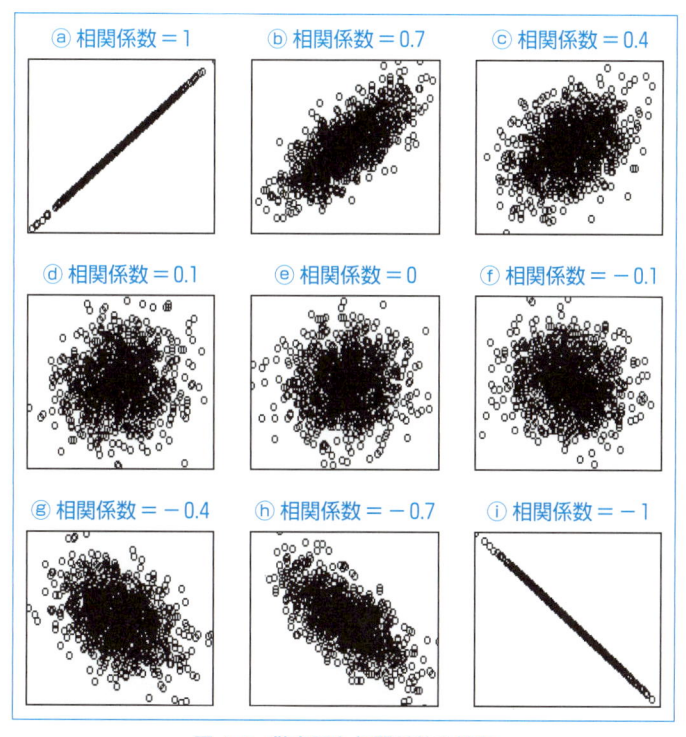

図4-6 散布図と相関係数の対応

$$（縦軸の変数）＝ 傾き ×（横軸の変数）$$

「傾き」は定数で，ここでは1つに定まった正の値になっています。この直線を定義する「傾き」が正の値であれば完全な正の相関を意味します。一方，「傾き」が負であれば，ⓘのように完全な負の相関を意味します。この場合は右下がりの直線になり，XとYの相関係数は－1となります。「傾き」がどんなに小さい値であっても，0でない限り完全な相関があります。たとえば，Y＝0.000001×Xという直線であっても，XとYの相関係数は1です。

両変数間に全く相関がない場合には，ⓔのように空間中央に円形に分布します。この場合には，相関係数は0になります。この状態を無相関といいました。そこから，完全な正の相関に向かって（ⓓ→ⓐ）徐々に右上がりの散布図に変化していきます。逆にⓕ→ⓘは，完全な負の相関に向かって徐々に右下がりの散布図に変化していきます。相関係数もそれに応じて高く（低く）なっていくことを，確認してください。

4.5.2　相関係数の解釈における留意点

相関係数の解釈の際にはいくつかの留意点があります。以下に代表的なものを解説します。
前述したように，相関係数の絶対値が1になるのは，「Y＝傾き×X」という直線上に全デー

タが並ぶ場合です。つまり，相関係数は2変数の**直線的な相関**の指標になっています。しかし，実際の研究場面では，**曲線的な相関**に出会うこともあります。図4-7は，**U字型相関，逆U字型相関**の典型例です。この散布図の下では，相関係数はそれぞれ −0.043（左図）と 0.050（右図）のように0に近くなり

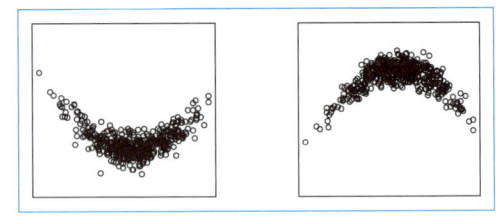

図4-7 U字型相関（左図），逆U字型相関（右図）

ます。相関係数は0ですが，この数値のみに基づいて無相関と結論を下すと，曲線相関という非常に興味深い性質を見逃したことになります。したがって，相関係数を解釈する場合には，必ず散布図の形状も考慮してください。相関係数は2変数の直線関係の強さを表現する指標であり，2変数の曲線関係を表現することはできません。

図4-8を見てください。これは男性と女性について，XとYの散布図を重ねて描画したものです。性別の区別を無視して相関係数を求めると−0.003となります。しかし，性別ごとに相関を求めると，男性で0.538，女性で0.655となります。性別を区別しない場合には無相関に近いと判断しがちですが，群別に見た場合には明確な正の相関があります。

このように，考察しようとしている2つの変数に関して**異なる集団**が含まれている場合には，相関係数が無相関になる場合があります（逆に相関が高くなる場合，符号が逆転

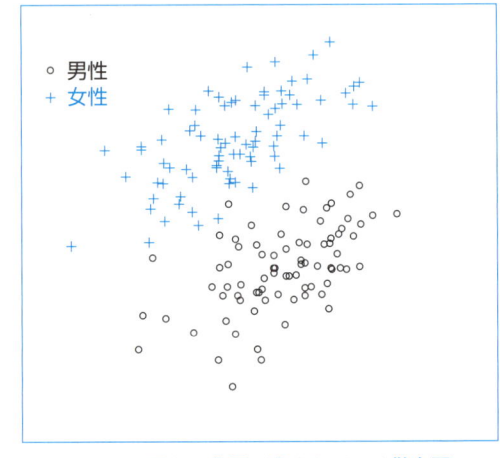

図4-8 異なる集団が含まれている散布図

する場合もあります）。このように，集団全体における相関と，集団ごとに分割して計算した

質問コーナー

Y＝0.000001×Xのように「傾き」がどんなに小さくても，それが0でない場合，相関係数が1になるという点がどうしても納得いきません。散布図の形状が限りなく水平に近いのならば，相関係数は0に近くなくてはならないと思うのですが。

「傾き」が 0.000001（100万分の1）のように非常に小さな値である場合，Xが1変化するのに対して，Yは100万分の1しか変化しません。しかし，微小ですが，必ず変化しますよね。このとき，X軸もY軸も同様に0〜100の範囲で表示させれば，確かに直線はほとんど水平にしか見えないですが，Y軸のみ0〜10000の範囲で表示させれば，図4-6（a）のように45度の直線となります。相関係数は散布図がそれが直線に近いかどうかの指標であり，水平または垂直でない限り，直線になっているのならば，図表示上の角度とは無関係に，＋1あるいは−1の値になります。

層別相関（classified correlation）が大きく異なることを，シンプソンのパラドックス（simpson's paradox）といいます。

図 4-9 を見てください。これは「抑うつ」と「不安」の得点の散布図です。データ全体の相関係数は 0.571 です。しかし「抑うつ」得点が 55 点以上の社員を抽出して，その集団で相関係数を求めると，0.248 と値が下がります。相関がある散布図でも，それを垂直方向，水平方向に切断して相関を求めれば，全体の相関とは違う値になります。

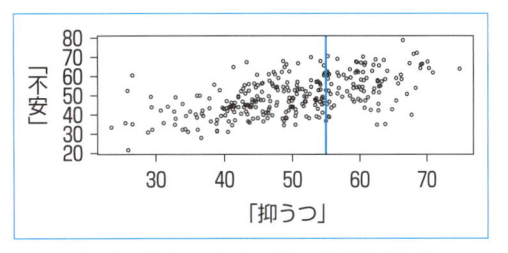

図 4-9 「抑うつ」55 点以上の社員を選抜

このように，データを切り分けることによる相関係数への影響を，切断効果と呼びます。

4.5.3 疑似相関と偏相関係数

図 4-10 は，「年齢」「抑うつ」「責任」の散布図を同時に描画した，散布図行列（scatter plot matrix）です。2 変数以上の相関を考察する場合に，散布図行列は大変有効です。

表 4-6 には「年齢」「抑うつ」「責任」の 3 変数間の相関係数が記載されています。このように相関係数を行列形式で表現したものを相関行列（correlation matrix）と呼びます。相関行列の対角要素は自分自身との相関なので，1 が挿入されていることを確認してください。

では，表 4-6 の「抑うつ」と「責任」の相関を見てください。0.348 になっています。職場

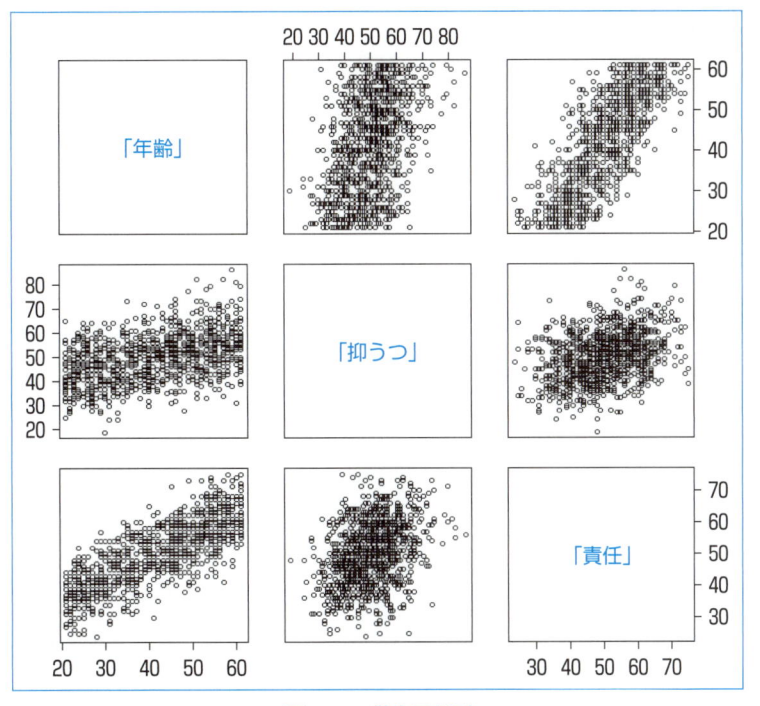

図 4-10 散布図行列

での「責任」が高いと「抑うつ」が高くなる，という正の相関を表現しています。この正の相関はこのまま解釈してよいでしょうか。職場に適応していないため責任ある仕事が与えられず，抑うつを感じている人も多いと思います。この場合には，両変数には負の相関が生じるでしょう。表4-6で，「年齢」と「責任」の相関係数は 0.779，「年齢」と「抑うつ」の相関係数は 0.417 でそれぞれ大きな値になっています。

表4-6　変数の相関行列

	年齢	抑うつ	責任
年齢	1	0.417	0.779
抑うつ	—	1	0.348
責任	—	—	1

実は，「抑うつ」と「責任」の 0.348 という無視できない相関係数は，両変数が「年齢」と一定の相関をもっているために生じたものです。「年齢」が同一の集団を集めて，再度「抑うつ」と「責任」の相関係数を求めると，0.041 となり無相関の様相を示しています。この結果は表4-7 に記載しています。

表4-7　変数の偏相関行列

	年齢	抑うつ	責任
年齢	1	0.248	0.744
抑うつ	—	1	0.041
責任	—	—	1

本当は相関がないのに，「年齢」のような第3の変数の存在によって生じてしまう相関のことを，疑似相関（spurious correlation）と呼びます。本当は相関があるのに，第3の変数の存在によって相関が希薄化してしまうことも，疑似相関の一例になります。相関係数の解釈の際には，疑似相関に十分注意してください。

「年齢」が同一の集団を集めて相関を求めるようにして，第3の変数の影響が入らないように考慮したときの相関係数を，偏相関係数（partial correlation coefficient）と呼びます。偏相関係数の求め方については第7章で解説します。

4.6　連関

本章冒頭の表4-1 に戻って，「ソーシャルサポート」と「職務満足」という2つの変数があ

質問コーナー

表4-6 で，「年齢」と「抑うつ」の間に 0.417 という正の相関係数が算出されています。この結果をもって「年齢」が「抑うつ」の原因と考えてよいのでしょうか？

2変数間に原因と結果の区別ができる場合，両変数間には因果関係があるといわれます。因果関係を主張するためには，前提として2変数間に相関があることが求められますが，それのみで「因果関係がある」と断言できません。本文中でも説明したように，私たちが目にしている「年齢」と「抑うつ」間の相関係数は，まだ知られていない第3の変数による疑似相関かもしれません。あるいは，調査対象者を変えたり，調査場所を変えたりすることで，相関が確認できなくなるかもしれません。因果関係に言及するためには，実験計画法という手続きを利用する必要があります。本シリーズ第2巻では，実験計画法と対応する分析手法について，ていねいに解説しています。

ることを確認してください。両変数は順序尺度ですから，平均も標準偏差も当然，相関係数も計算できません。それでは，名義尺度や順序尺度のような計算に適していない尺度で，2変数間の関連性を分析するには，どうすればよいのでしょうか。

4.6.1　クロス集計表と連関

　名義尺度や順序尺度で測定された変数を，**質的変数（qualitative variable）**[*6]と呼ぶことがあります。質的変数間の関係性の分析には，**クロス集計表（cross table）**を利用することが多いです。

　表4-8は「ソーシャルサポート」と「職務満足」のクロス集計表です。「(ソーシャル)サポートあり」でかつ「(職務に)満足している」人は，1,000人中，258人存在していることがわかります。また，「サポートなし」か

表4-8　「ソーシャルサポート」と「職務満足」のクロス集計表

度数	満足している	満足していない	計
サポートあり	258	240	498
サポートなし	176	326	502
計	434	566	1000

つ「満足してない」人は，326人存在しています。このように，2つの質的変数のカテゴリの組み合わせに該当する人の度数を記載したものが，クロス集計表です。表中の度数は**観測度数（observed frequency）**ともいいます。

　クロス集計表を解釈するとき，度数ではなく，割合のほうが便利な場合があります。表4-9は，「サポートあり」と「サポートなし」のそれぞれで，「満足している」と「満足して

表4-9　クロス集計表の行方向の割合表記

比率	満足している	満足していない	計
サポートあり	0.518	0.482	1
サポートなし	0.351	0.649	1

いない」の割合を算出した結果です。表を見ると，「サポートあり」では，「満足している」に約5割，「満足していない」にも約5割の人がいるのに対して，「サポートなし」では，「満足している」に約4割，「満足していない」に約6割の人がいます。つまり，ソーシャルサポートの有無で，職務満足感が変動していることがわかります。

　このような，2つの質的変数間の関係性を，**連関（association）**と呼びます。量的変数間で定義される相関とは，厳密に区別してください。連関がある場合には，表4-9のように，行方向の割合の分布が，行によって変動します。

表4-10　連関がない場合のクロス集計表

度数	満足している	満足していない	計
サポートあり	100	300	400
サポートなし	150	450	600
計	250	750	1000

　一方，表4-10は連関がない場合のクロス集計表です。このままでは解釈しにくいので，表4-11では行方向に関して割合表記にして

表4-11　クロス集計表の行方向の割合表記

比率	満足している	満足していない	計
サポートあり	0.250	0.750	1
サポートなし	0.250	0.750	1

[*6] 質的変数は離散変数（第2章を参照してください）となります。

います。この表を見ると、行方向の割合の分布が、行によって変わっていないことが明らかです。つまり、ソーシャルサポートの有無によって、職務満足感の有無が全く影響を受けない状況です。このような状況を**無連関**と呼びます。

4.6.2 連関の解釈における留意点

表 4-12 は、「ソーシャルサポート」と「職務満足」に関する、年代別のクロス集計表（割合表記）です。ⓐの全年齢のクロス集計表は、表 4-9 を再掲したものです。次に、ⓑの 20 歳以上 30 歳未満のクロス集計表を見てください。ⓐのクロス集計表では「サポートあり」における「職務満足」の割合は、五分五分ですが、ⓑの集計表では「満足していない」に 8 割の人が偏って存在しています。また、ⓐでは「サポートなし」における「満足している」の割合は約 4 割ですが、ⓑでは約 7 割に増加しています。

表 4-12 年齢別のクロス集計表

ⓐ 全年齢

割合	満足している	満足していない	計
サポートあり	0.518	0.482	1
サポートなし	0.351	0.649	1

ⓑ 20 歳以上 30 歳未満

割合	満足している	満足していない	計
サポートあり	0.189	0.811	1
サポートなし	0.697	0.303	1

ⓒ 50 歳以上

割合	満足している	満足していない	計
サポートあり	0.655	0.345	1
サポートなし	0.290	0.710	1

つまり、ⓐとⓑのクロス集計表は、全く逆の連関の様相を示しています。このように、ある観点でデータを分類したときに、観点ごとにクロス集計表の様相が全く異なることがあります。これも、4.5.2 項で解説したシンプソンのパラドックスの一例です。

一見、連関がないクロス集計表でも、ある観点でデータを分類した場合には、連関のあるクロス集計表が得られる場合があります。その逆に、データを併合すると連関が生じるけれど、分類することで連関が消失する場合もあります。クロス集計表を解釈する場合にも、このパラドックスに配慮する必要があります。

表 4-12 のパラドックスは、「年齢」「抑うつ」「責任」の相関係数を解釈する際の問題とも、関連しています。この例では、「年齢」の違いを併合したことで、「ソーシャルサポート」と「職務満足」の真の連関が見えにくくなっています。つまり、「年齢」が**第 3 の変数**として機能していることになります。

今回はたまたま「年齢」が第 3 の変数であることがわかりましたが、実際のデータ分析場面では、第 3 の変数を特定することは容易ではありません。クロス集計表でパラドックスを引き起こしている変数を探すために、何百ものクロス集計表を作成し、解釈していくのは、非常に骨の折れる作業です。手元に第 3 の変数の情報が与えられていれば、パラドックスを発見できる可能性がありますが、そもそも、そのデータすら与えられていない場合には（ここでいうところの「年齢」が、変数としてデータ行列に含まれていなければ）、お手上げです。したがって、質問紙を作成する場合には、第 3 の変数となりうるような質問項目を、意識的に含めると

いう工夫も必要になります。このような工夫ができるようになるためには，結局のところ，しかるべき統計的知識が不可欠です。質問紙の質問項目は，対象をいかに妥当に測定するか，という観点で作成されるのは当然ですが，それ以上に，どうやって統計処理を行うかについてイメージを明確にしておく必要があります。統計学の知識なくして，調査計画や実験計画は立てられません。

【文献】
南風原朝和（2002）．心理統計学の基礎——統合的理解のために．有斐閣
森敏昭・吉田寿夫編著（1990）．心理学のためのデータ解析テクニカルブック．北大路書房
豊田秀樹（1998）．調査法講義．朝倉書店
山田剛史・村井潤一郎（2004）．よくわかる心理統計．ミネルヴァ書房
吉田寿夫（1998）．本当にわかりやすいすごく大切なことが書いてあるごく初歩の統計の本．北大路書房

Quiz

理解できたかチェックしてみよう！

問1：表1の10人の「抑うつ」と「職務満足」の尺度得点について，表中の空欄を埋め，(あ)と(い)に入る値を答えてください。計算過程では小数点以下第4位を四捨五入してください。

表1：10人の「抑うつ」と「職務満足」の尺度得点

社員	抑うつ	職務満足	抑うつ偏差	職務満足偏差	偏差の積
1	5	30			
2	20	25			
3	25	15			
4	30	5			
5	30	10			
6	25	20			
7	20	25			
8	20	25			
9	15	25			
10	5	30			
平均					
分散			—	—	—
標準偏差			—	—	—
共分散	(あ)				
相関係数	(い)				

問2：散布図を描くのに不適切な尺度水準のペアを1つ選んでください。

A. 間隔と比率　　B. 間隔と間隔　　C. 比率と比率　　D. 名義と順序

問3：共分散が0のとき2つの変数の直線的相関はどうなっているでしょうか。正しいと思われる選択肢を1つ選んでください。

A. 無相関　　B. 正の相関　　C. 負の相関　　D. 無連関　　E. 連関あり

問4：共分散の説明で正しいものを1つ選んでください。

A. 共分散は変数の単位に依存する
B. 共分散は偏差の積の2乗和である
C. 共分散は1変数の代表値である

問5：相関係数が1であるときの散布図の様子を表現した文章で正しいものを1つ選んでください。

A. 全データが垂直線上に並ぶ
B. 全データが水平線上に並ぶ
C. 全データは垂直線と水平線を除く直線上に並ぶ

問6：表1の「抑うつ」の尺度得点の素点をz得点に変換したとします。このとき素点と，z得点との相関係数はいくつになるでしょうか。計算をせずに考察してください。

問7：疑似相関の例を1つ挙げてください。

問8：クロス集計表を作成するのに適当な尺度水準のペアを1つ選んでください。

A. 比率と名義　　B. 間隔と順序　　C. 間隔と間隔　　D. 名義と名義

問9：連関がある場合と，連関がない場合のクロス集計表の異同を説明してください。

第5章 発達検査の精度を知る —— 推測統計の基礎知識

発達検査とは，子どもの知的発達について，診断的な評価を行う検査です。発達検査を適切に実施し解釈できることは，心理臨床家の必須技能です。発達検査の結果（スコア）は，通常，臨床家の所見に補助的に利用されており，そのスコアのみで知的発達を解釈するということはありません。しかし，検査の診断基準を見て，自分の子どもに特異な結果が出ていた場合には，たとえそれが参考資料だとわかっていても，やはり不安になってしまいます。

この結果を正しく受け止めるためには，検査の診断基準がどのように作られたのかについて知っておくことが必要です。本章では，この診断基準の作成過程を通じて，統計学での「推測の威力」を学びたいと思います。

5.1 架空の発達検査 KSAT の概要

ここでは子どもの知的発達を測定する架空の発達検査「KSAT：Kawahashi-Shojima Assessment Test」を例に説明していきます。この検査では，5歳児の知的発達を，「論理力」「記憶力」「計算力」の3つの知的能力から評価します。

図 5-1 は，KSAT の構成を説明したものです。各能力は，2つの下位検査（検査 A，検査 B）によって測定されていて，この下位検査にはそれぞれ50項目の問題（正答に1，誤答に0）が含まれています。したがって検査全体では，300（＝50×2×3）の項目が含まれています。また，3つの能力の尺度得点は，それぞれの下位検査 A，B における正答数の平均値として求められます。

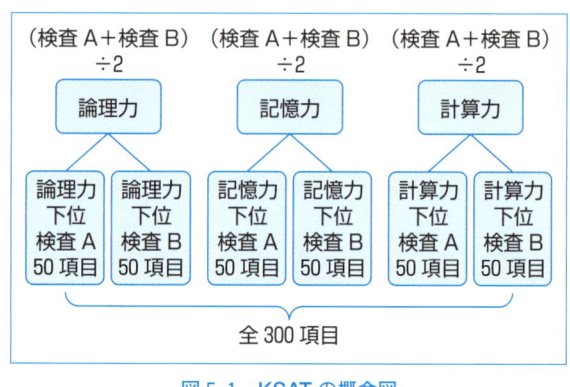

図 5-1　KSAT の概念図

5.1.1　D 君の受検結果

5歳児の D 君がこの検査を受けたところ，「論理力」の尺度得点は 10.3 点，「記憶力」は 48.5

点,「計算力」は 25.2 点でした。結果を表 5-1 にまとめました。「定型発達の 5 歳児の集団」の各能力の平均値と標準偏差は，表 5-2 に示す数値のとおりです。集団の平均と標準偏差がわかっているので，この集団での D 君の得点の偏差値を求めることができます（偏差値については第 3 章を参照してください）。その結果，表 5-1 のように，「論理力」で 35.294，「記憶力」で 74.932，「計算力」で 32.353 となりました。「論理力」と「計算力」

表 5-1　D 君の尺度得点と偏差値

得点の種類	論理力	記憶力	計算力
尺度得点	10.3	48.5	25.2
偏差値	35.294	74.932	32.353

表 5-2　5 歳児集団における KSAT の尺度得点の分布要約

統計指標	論理力	記憶力	計算力
平均値（推定値）	25.3	30.3	31.2
標準偏差（推定値）	10.2	7.3	3.4
分散（推定値）	104.041	53.291	11.562

は平均以下ですが，「記憶力」は非常に高いことがわかります。知的発達に伴って，「論理力」「記憶力」「計算力」は同様に上昇するという傾向があると仮定するなら，「記憶力」のみ発達が進んでいる D 君の偏差値のパターンは，5 歳児の集団において「特異である」と判断されます。

5.2　KSAT の診断基準と基準集団

　D 君の診断が可能だったのは，あらかじめ「定型発達の 5 歳児集団」に KSAT が実施され，かつデータが収集されており，その平均値と標準偏差が表 5-2 のように与えられていたからです。これらの数値をもとに偏差値を算出するので，実質的な診断基準は，表 5-2 の平均値と標準偏差ということになります。この数値が診断基準として適切でなければ，私たちは D 君の知的発達について，深刻な誤診をすることになります。そのような誤りを避けるために，まずは，この数値が計算された集団について精査してみたいと思います。

　皆さんは，「定型発達の 5 歳児の集団」という表現から，この集団が何人ぐらいで構成されているかイメージできますか。特定の幼稚園に通う 8 人の 5 歳児でしょうか。あるいは日本の定型発達児全員でしょうか。

　特定の幼稚園に通う 8 人の 5 歳児から得られたデータで診断基準を作っているといわれたら，それではデータ数が少なすぎるという印象を受けると思います。8 人という少数のデータですから，たまたま全員が全国水準と比較して知的発達の早い子どもであるかもしれません。この場合，この集団を検査の基準にすると，新しく検査を受けた受検者はほとんどが偏差値 50 以下になってしまう可能性があります。当然，この逆の現象も起きる可能性があります。図 5-2 の ⓐ は，8 人の「計算力」得点のヒストグラムです。データ数が少なく，分布の中心すらもどこかわかりません。このようなデータの平均や標準偏差が検査の診断基準といわれても，全く説得力がありません。

　一方，日本の定型発達児全員から得られたデータで診断基準を作っている，といわれたらどうでしょうか。おそらく皆さんは納得すると思います。全国平均と比較して，「受検者の知的発

達が偏差値でどのぐらいかがわかる」ことが、知能検査の存在意義の一つです。したがって、「定型発達の5歳児の集団」は、日本全国の定型発達児の集団であるべきです。しかし、全国に5歳児は105万1千人もいます（2010年時点）。

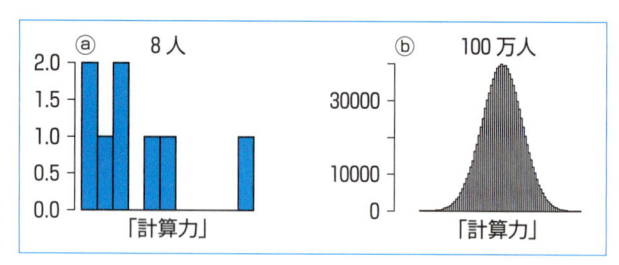

図5-2　8人と100万人の「計算力」の得点分布

この中から定型発達児だけを抽出しても100万人近い人数になるでしょう。KSATをそれらの子ども全員に実施するのは、文部科学省などが行う国レベルの調査でなければ、現実的に不可能です。図5-2のⓑは、100万人から求めた場合の「計算力」の得点分布を、コンピュータでシミュレーションしたものです。この分布での平均と標準偏差を基準とすることができればよいのですが、実際に100万人からデータを収集することは不可能です。

この「集団」の定義に関して、KSAT付属の「採点マニュアル」を見てみました。すると、KSATでは「定型発達の5歳児の集団」として、「日本全国から集められた100人の5歳児」を利用していることがわかりました。この集団のことを、KSATでは、「基準集団」と呼んでいます。基準集団での「計算力」の得点分布は、図5-3のようになります。そして、この得点分布から求められた平均と標準偏差を診断基準としています（表5-2に掲載されている数値です）。しかし、たった100人程度のデータから求めた値を、100万人のデータから得られた基準と同等に考えてよいのでしょうか。

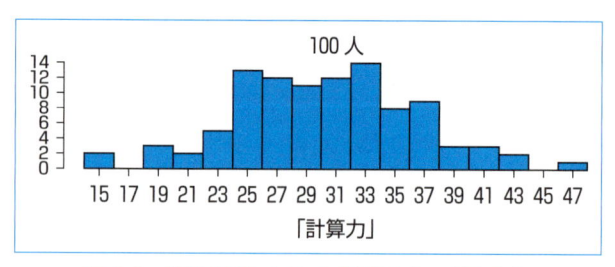

図5-3　基準集団における「計算力」の得点分布

5.3 検査の基準集団に求められること

5.3.1 母集団と標本

基準集団をどのように設定するかで、検査結果の解釈も大きく影響を受けます。それでは、どのように基準集団を設定するのが妥当でしょうか。最も妥当なのは、日本の定型発達の5歳児全員を基準集団とすることです。しかし、100万人の子どもにKSATを受検させることは物理的に不可能です。となると、この100万人の中から少数の子どもたちを選んで、その子どもたちの得点分布を、5歳児全体の得点分布として代表させて考えるしかありません。

上の例で、「100万人の定型発達の5歳児集団」を、**母集団（population）**と呼びます（図5-4の大きな楕円）。母集団に含まれる人の数を本書では **N（ラージエヌ）** で表記します。この

例では，$N=100$ 万人です。母集団を発達検査の基準集団とできればよいのですが，母集団全体からデータを得ることは現実的に不可能なので，その中から選ばれた少数の子どもたちを基準集団とするということになります。

母集団から選ばれた少数の子どもたちを**標本（sample）**と呼びます（図 5-4 の小さな楕円）。標本に含まれる子どもの数を**標本サイズ（sample size）**と呼び，n（**スモールエヌ**）で表記します。n は標本の数（標本数）ではありません。この点は厳密に区別してください。

母集団から標本を選ぶことを**標本抽出（sampling）**と呼びます（図 5-4 の単方向の矢印）。KSAT では，$n=100$ の標本を母集団から 1 つ抽出し，この標本を基準集団としています（図 5-4 の濃いブルーの楕円）。

もちろん，この基準集団は絶対的なものではなく，500 人（図 5-4 の標本 2）や 250 人（図 5-4 の標本 3）で構成される 2 つの標本も，それぞれ基準集団となりえます。

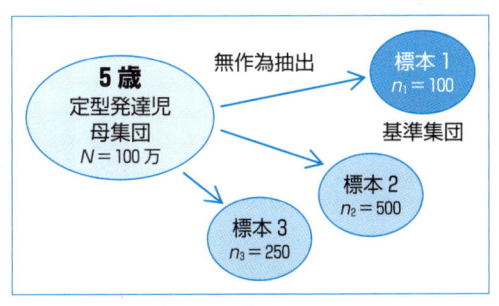

図 5-4　母集団と標本の関係

5.3.2　標本抽出法

母集団から標本抽出する場合には，その標本が母集団をよく代表するものであるように配慮する必要があります。KSAT では 100 人で構成される標本を基準集団としていますが，この集団が母集団全体に対して，能力が高すぎたり，低すぎたりするようでは困ります。

標本に母集団を代表させるための最もシンプルな方法は，母集団全体から無作為（ランダムに）に標本抽出することです。これを**単純無作為抽出（simple random sampling）**と呼びます。この方法であれば，すべての子どもの選ばれる確率が等しくなります。つまり，全員が 1/100 万の確率で選ばれます。これで得られた標本は，母集団に対して偏りがありません。

しかし，母集団全体から無作為抽出するのは容易ではありません。そのためには，全員の名前が記された名簿が必要になります。一般に，この名簿の作成には莫大なコストを要します。幸いなことに，KSAT の作成には国からの支援も得られたので，この名簿を作成することができました。この名簿から無作為抽出された定型発達の 5 歳児で構成された集団は，母集団をよく代表する基準集団となっています。

5.4 5歳児全体の分布を推測する

5.4.1 母集団の得点分布

適切な標本抽出によって，母集団の代表性が確保された基準集団（標本）の100人について，KSATの「論理力」の相対度数分布をヒストグラムとして表示したものが，図5-5です。左右対称の分布に近くなっています。平均値は25.3，標準偏差は10.2でした（表5-2を参照）。この平均値と標準偏差により，新しく受検した子どもの発達診断が可能になります。

ところで，母集団の相対度数（確率）の分布は，どのようになっていると考えられるでしょうか。これは5歳児全体にKSATを受検してもらわないとわかりません。ここで，第3章の終わりで「知能検査の尺度得点は正規分布になる」と説明したことを思い出してください。

KSATの基準集団は，母集団をよく代表する標本であることが確認されています。また，標本における「論理力」のヒストグラムの形状は，正規分布に似ています。以上を踏まえてKSATでは，母集団の「論理力」の分布に，正規分布を仮定しています（図5-6を参照）。以後では，「論理力」以外の「記憶力」「計算力」の尺度得点についても，母集団分布として正規分布を仮定しています。

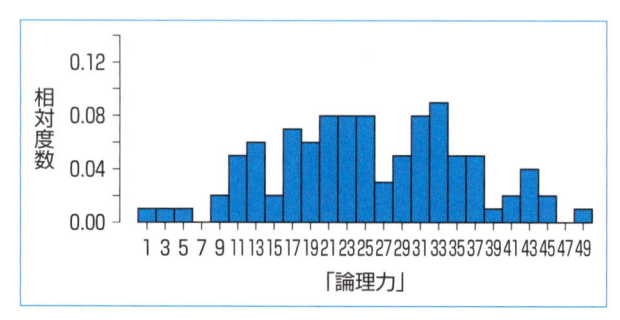

図5-5 標本における「論理力」の相対度数分布

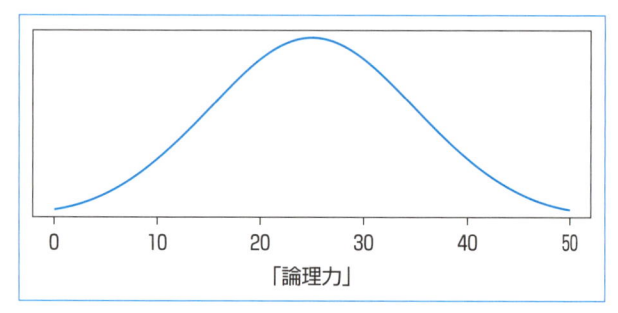

図5-6 母集団における「論理力」の確率分布（正規分布）

5.4.2 推測統計と記述統計

繰り返しになりますが，KSATでは，新しく受検した子どもたちの知的能力を，100人の基準集団の平均値と標準偏差を利用した偏差値で評価します。この基準集団は母集団を適切に代表する標本で構成されていますから，この基準集団を参照した評価結果は，母集団（全国の5歳児全員）を参照した評価結果と同等になることが予測されます。

しかし，100人のデータを利用して得た結果が，100万人の母集団全員から得た結果と同等

となるという予測は信じ難いとは思いますし，そのような感覚をもつのは当然です。

このような予測が，ある程度の誤差をもちつつも妥当に成り立つことについて，理論的な証明を試み続けてきたのが，統計学という学問です。この，「標本の分布から母集団の分布を予測する」という試みを，**推測統計**と呼びます。第5章と第6章では，この推測統計に焦点をしぼって解説を行います。

じつは，第1～4章までは，「手元に母集団全体のデータが与えられている」という前提が暗に置かれていました。手元に全データがあるので，推測の余地はありません。このような場合に適用される統計手法を，**記述統計**と呼びます。記述統計は，手元のデータをいかに効率よく図表や数値に要約するか，という点に注目します。

5.5 母集団分布を予測する ── 母平均の推定

5.5.1 母数とは

表5-2には，基準集団から求めた尺度得点の，平均と標準偏差を掲載していました。この値を使って，「5歳の定型発達児の母集団」に照らし合わせた評価結果を受検者に返すことが，KSATの目的です。そのためには，基準集団の値と母集団の値が近い値になっている必要があります。つまり，標本における平均値や標準偏差が，母集団における平均値や標準偏差を適切に表していることが求められます。

質問コーナー

他の教科書では平均や標準偏差を数学的な記号で表現することもあるようですが，どういう記号があるのでしょうか？

より専門的な心理統計の教科書に挑戦する際には，いくつかの記号について知っていたほうがよいでしょう。ここでは代表的なものを挙げておきます。

変数 x の標本平均＝$\bar{x}$（エックスバー）　　　母平均＝μ_x（ミューエックス）
変数 x の標本分散＝s_x^2　　　　　　　　　　　母分散＝σ_x^2（シグマエックス2乗）
変数 x の不偏分散＝$\hat{\sigma}_x^2$（シグマハットエックス2乗）
変数 x の標本標準偏差＝s_x　　　　　　　　　　母標準偏差＝σ_x
変数 x と変数 y の標本共分散＝s_{xy}　　　　　母共分散＝σ_{xy}
変数 x と変数 y の標本相関係数＝r_{xy}　　　　母相関係数＝ρ_{xy}（ローエックスワイ）

統計学の世界では，標本での統計値はアルファベットの小文字で，母数はギリシャ文字の小文字で表現するという慣例があります。不偏分散の「＾」（ハット）記号は，母分散の推定値であることを表現しています。

母集団における分布の平均を母平均と呼びます。また分散を母分散，標準偏差を母標準偏差，相関係数を母相関係数と呼びます。当然ですが，母標準偏差は下記の式で求められます。

$$母標準偏差 = \sqrt{母分散}$$

母平均や母分散，母標準偏差，母相関係数のように，母集団の分布の形状を表現する値を母数（parameter）と呼びます。分数の分母を母数と呼ぶことがありますが，別ものです。

母平均に対して標本で計算される平均を標本平均と呼びます。同様に，母分散，母標準偏差，母相関係数については，それぞれ標本分散，標本標準偏差，標本相関係数と呼びます。

5.5.2 標本平均によって母平均を推測する

表 5-2 には，100 人の基準集団から求めた標本平均と標本標準偏差が，記載されていることになります。しかし，基準集団はあくまでも標本です。この標本平均と標本標準偏差が，母平均と母標準偏差を妥当に推測できていなければ，KSAT の診断結果は信頼できないものになります。つまり，「全国の定型発達の 5 歳児」に照らした診断結果，といえなくなります。

標本平均によって母平均を推測することを，推定（estimation）と呼びます。標本分散によって母分散を推測することも，推定です。より一般的には，「標本の統計値から母数を推測すること」を，推定と呼びます。なお，母数の推定に興味がある場合に，標本平均や標本分散のような統計値は，推定値（estimate）と呼ばれます。推定値は標本のデータのみから求めるので，当然，母数に一致するとは限りません。つまり，推定には誤差が含まれるということです。表 5-2 で示した KSAT の基準集団の平均や標準偏差について，推定しても誤差が十分小さいことを示すことができれば，それぞれを母平均，母標準偏差として利用することができます。それでは，この誤差はどのように求めればよいのでしょうか。この点について，母平均の推定を例に説明していきます。

図 5-7 は，母集団から $n = 100$ の標本を 3 つ抽出した様子を示したものです。各標本で「論理力」について，それぞれ標本平均を求め，母平均を推定しています。その結果は，以下のようになりました。

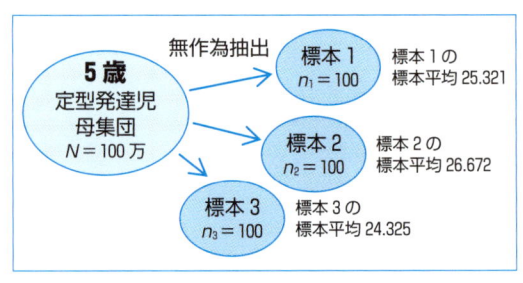

図 5-7　3 つの標本で標本平均を求める

標本 1 の標本平均 = 25.321
標本 2 の標本平均 = 26.672
標本 3 の標本平均 = 24.325

標本が異なると，それぞれの標本平均も異なることが明らかです。別の言い方をすれば，母

平均の推定結果は，標本によって微妙に異なるということです。しかし，互いに大きく異なる数値ではありません。この3つの標本平均の平均（＝25.439）から推測するに，母平均の値は25付近に存在すると考えられます。

5.6 標本平均は分布する

5.6.1 標本平均の標本分布

母集団から標本を3つ抽出するなら，「論理力」の標本平均も3つ求めることができます。このように標本平均は，標本によって変化する値です。では，$n=100$ と固定したままで，標本数を100，1000，10000と増加させていくことをイメージしてください。すると，標本平均の数も100，1000，10000と増加していきます。図5-8のⓐⓑⓒに，標本平均のヒストグラムを示しました。縦軸は相対度数です。

ⓐは標本数が100の場合で，標本平均の平均は25.089，標準偏差は0.987となっています。

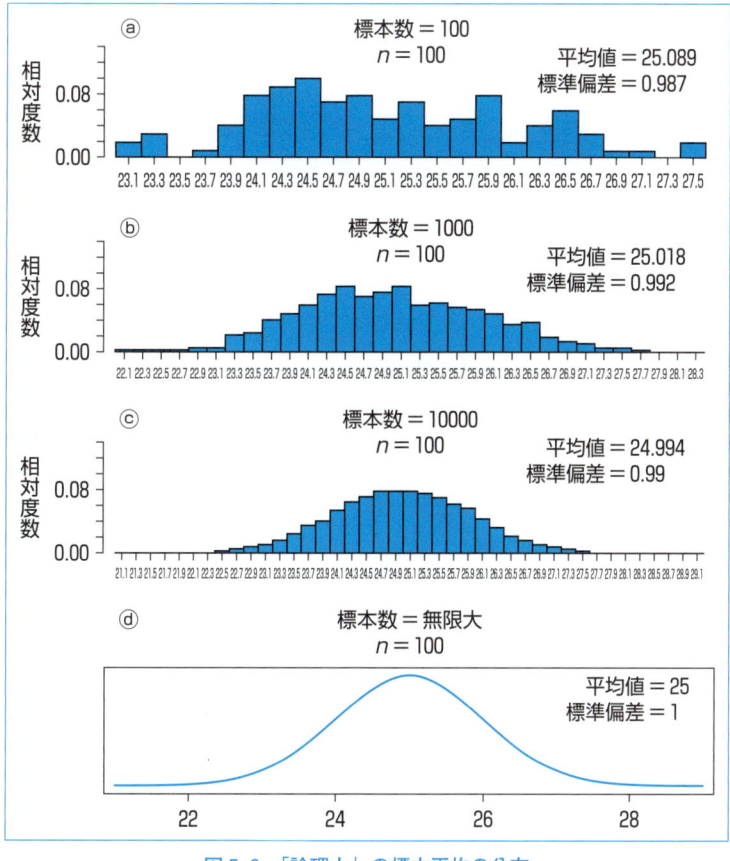

図5-8　「論理力」の標本平均の分布

次に ⓑ は標本数が 1000 の場合で，標本平均の平均は 25.018，標準偏差は 0.992 となっています。最後に ⓒ は標本数が 10000 の場合で，標本平均の平均は 24.994，標準偏差は 0.99 となっています。標本数を 100, 1000, 10000 と増やすにしたがって，標本平均の平均が 25 に近づいています。また，標準偏差も 1.0 付近で安定していることにも注意してください。

さらに，標本抽出を繰り返し続けることをイメージしてください。もちろん，$n=100$ で一定という条件です。各標本では，その都度，標本平均を求めていきます。この作業を繰り返し，階級幅をどんどん細かくしていくと，ⓒ の相対度数のヒストグラムは，左右対称のなめらかな曲線に近づいていきます。標本抽出を無限回繰り返すならば，最終的に ⓓ の曲線になります[*7]。この曲線は正規分布に他なりません。この正規分布を**標本平均の標本分布（sampling distribution of sample means）** と呼びます。

図 5-8 を見ると，標本分布の平均は 25 になっています。つまり，標本抽出し平均を求めるということを無限回繰り返すと，その平均は 25 になるということです。また，この標本分布の標準偏差は 1 になっています。標本抽出して平均を求めることを無限回繰り返すと，その標準偏差は 1 になるということです。

5.6.2　標本平均の不偏性

図 5-8 の ⓓ で示したように，標本分布とは正規分布であり，完全な曲線として描かれるものです。ⓐⓑⓒ はあくまでもヒストグラムであり，正規分布ではないことに注意してください。第 3 章で解説したとおり，正規分布は確率の分布であることから，曲線に囲まれた面積は 1 になります。

じつは，図 5-8 の ⓐⓑⓒ は，母平均が 25 である母集団分布から標本抽出して平均を計算するという過程を，コンピュータでシミュレーションしたものです。つまり，母平均が 25 とわかっている状況で，標本平均がそれを妥当に推定できるかを観察していたのです。この過程を無限回繰り返していくと ⓓ の標本分布が得られますが，その平均は母平均 25 に一致します。このように，標本から計算した推定値の平均が母数（ここでは母平均）に一致する性質を，**不偏性（unbiasedness）** と呼びます。

標本平均という推定式には不偏性があるので，これを利用して母平均を推定することは妥当です。例を挙げて説明しましょう。仮にあなたの調査結果では，標本平均が 26 だったとします。母平均は 25 です。このとき，標本平均 26 で母平均 25 を推定する場合には，推定の誤差は 1 になります。また，別の調査を行ったところ標本平均は 24.5 でした。このとき，推定の誤差は −0.5 になります。この手続きを無限回繰り返していったとき，それらの誤差の平均は 0 になります。これが不偏性の具体的な意味です。もし，仮に誤差の平均が 0 にならないのであれば，それは標本平均で母平均を推定するときに，一定の偏りが混入してしまっていることに

---

*7　本章では説明の簡潔性のために，無限母集団（$N=\infty$）を仮定しています。

なります。つまり，不偏でないということです。不偏性が成り立つからこそ，標本平均によって母平均を妥当に推定できるのです。

5.6.3 標本平均の標準誤差

標本分布の平均は母平均に一致する，ということを学びました。それでは，標本分布の標準偏差についても，何か規則があるのでしょうか。こちらも，また種明かしになりますが，図5-8の ⓐ ⓑ ⓒ は，母標準偏差が10である母集団分布から標本抽出して平均を計算するという過程を，コンピュータでシミュレーションしたものです。

ところで，標本平均における標準偏差は，ⓐ で0.987，ⓑ で0.992，ⓒ で0.99となっていて，最終的に ⓓ の標本分布では，1となっています。この1という数値は，母集団の標準偏差10とどのような関係にあるのでしょうか。

じつは，標本分布の標準偏差と母標準偏差の間には，次のような関係が成り立っています。

$$標本分布の標準偏差 = \frac{母標準偏差}{\sqrt{標本サイズ(n)}}$$

標本分布の標準偏差は，**標準誤差（Standard Error：SE）** ともいいます。ここでは，母標準偏差 = 10，$n = 100$ ですから，標準誤差は以下のようになります。

$$標準誤差(SE) = \frac{10}{\sqrt{100}} = 1$$

先に説明したように，標本分布は正規分布ですから，この正規分布の平均は25，標準偏差は1（分散も1）ということになります。

皆さんのなかには，「標本分布の平均が母平均に一致する」ことや，「標本分布の標準偏差は母標準偏差÷（nの平方根）」で求められることについて，なぜそうなるのか疑問に思う人がいると思います。この疑問に答えるためには，それなりに高度な数学的証明が必要になりますから，本書ではこの部分に関する詳細な説明は割愛します。どうしても気になる場合は，山田・村井（2004）などのより専門的なテキストを参照してください。

5.6.4 標本平均の標準誤差の解釈

標本平均により母平均を推定するにあたって，標準誤差は非常に重要な役割を果たします。図5-9には，母平均が25，母標準偏差が10という状況で，n が100，200，300のときの標本分布がそれぞれ描かれています。また，垂直線は母平均25の位置を表しています。図から明らかなように，n が大きくなるにしたがって，母平均の近くに標本平均が分布することがわかり

ます。標準誤差は n が大きくなるにしたがって，1＞0.707＞0.577 のように値が小さくなっています。

ここで皆さんに質問です。この標本分布の形状から，どのような条件のとき，母平均に対してより精度の高い推定が実現すると思いますか。答えは簡単ですね。n が大きくなると，標本平均がより母平均付近の値をとる確率が高くなります。そしてこのようなとき，標準誤差は小さい値をとることになります。

n を大きくすることで，標本が母集団をよく代表するようになります。そのとき，母平均の推定精度が向上するというのは，直感的にも理解できます。手元にたくさん情報があればより精度を高く推測できるという，非常にわかりやすい原理です。

図 5-9 では，$n = 100$ のとき標準誤差は 1 でした。また，$n = 300$ のとき標準誤差は 0.577 でした。$n = 100$ のとき求められた標本平均 25 と，$n = 300$ のとき求められた標本平均 25 は，数値は一緒ですが推定精度が違います。より母平均を精度良く推定しているのは，$n = 300$ の場合ということになります。標準誤差の比は，1.000 ÷ 0.577 = 1.733 ですから，$n = 300$ のほうが $n = 100$ の場合よりも，1.7 倍の精度で母平均を推定できていることになります。

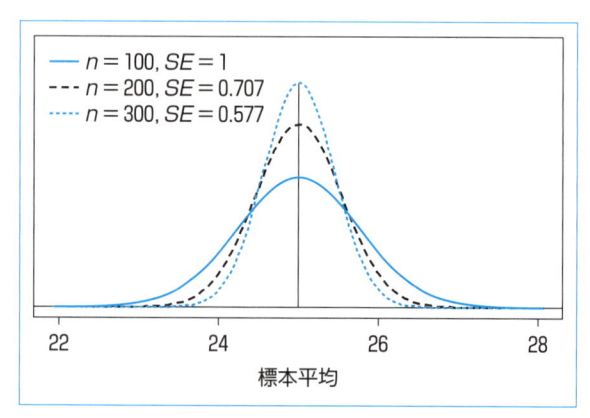

図 5-9　標本分布と標準誤差（SE）の対応

このように標準誤差を利用することで，標本平均の推定精度を評価することができるのですが，ひとつ困ったことがあります。再掲になりますが，標準誤差の式は以下のとおりです。

$$標準誤差 = \frac{母標準偏差}{\sqrt{標本サイズ(n)}}$$

しかし，そもそも，標本平均で推定しているくらいですから母平均は未知です。ということは，当然，式の母標準偏差もまた未知です。したがって，この標準誤差の式は，母集団分布がわかっていない私たちにとって，全く実用的ではありません。この式を実用的にしてくれるのが，次節で説明する**不偏分散**（unbiased variance）です。

5.7 母集団分布を予測する —— 母分散の推定

　標本平均の標準誤差を求めるためには，母標準偏差が必要です。ただし，母標準偏差は母分散の正の平方根ですから，先に母分散が必要になります。当然，母分散は未知ですから，手元の標本のデータを利用して推定するしかありません。それでは，推測法としては何を利用したらよいでしょうか。これまでに学んだツールで使えそうなものは標本分散です。そこで，これを利用して母分散を推定してみることにします。

　$n=100$ の標本を抽出して，標本分散を求めます。この作業を無限回繰り返すことで，**標本分散の標本分布（sampling distribution of sample variances）** が得られます[*8]。図 5-10 にその標本分布を掲載しました。この標本分布は正規分布ではなく，左右非対称の確率分布になることが知られています。図 5-10 の垂直線は，標本分散＝99 の部分に引かれていますが，これが分布の平均になります。分布の最頻値部分に垂直線（平均値）が位置しないのは，この分布が左右対称ではないからです。

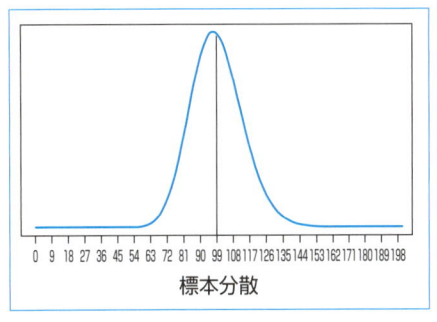

図 5-10　標本分散の標本分布（この分布は左右対称ではない）

　さて，先ほど，母標準偏差が 10 であるという種明かしをしましたが，このことから母分散は 100 であることがわかります。母分散は 100 なのに，この標本分布の平均は 99 になっています。つまり，標本分散で母分散を推定すると，一定の偏りが推定値に混じり込んでしまいます。この意味で，標本分散は母分散に対して不偏性がありません。

　この問題を克服するのが不偏分散です。その式は，以下のようになります。

$$\text{不偏分散} = \frac{\text{偏差平方和}}{n-1} = \text{標本分散} \times \frac{n}{n-1}$$

　標本分散は偏差平方和を標本サイズ n で割っていたのに対して，不偏分散は $n-1$ で割る点が異なります。また上記の式から標本分散と n がわかれば，不偏分散を求められることがわかります。

　図 5-11 は不偏分散の標本分布です。この分布は **χ^2（カイ 2 乗）分布（chi-squared distribution）** と呼ばれる確率分布です（第 7 章も参考にしてください）。図中の垂直線は，この標本分布の平均を表現していますが，母分散の 100 に一致していますね。つまり，不偏分散

[*8] ここでも説明の簡潔性のために，無限母集団（$N=\infty$）を仮定しています。

は母分散に対して不偏性があります。標本から母分散を推定する場合には，不偏分散を利用します[*9]。

表 5-2 の，基準集団における分散には「(推定値)」という付記がありますが，これは，表示されている値が母分散を推定した不偏分散であることを意味しています。たとえば，「論理力」の不偏分散は 104.041 となるということです。

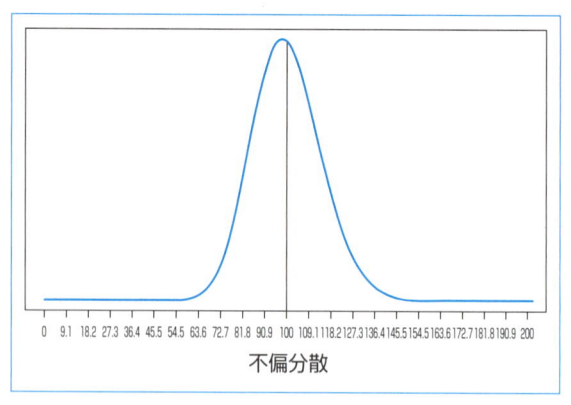

図 5-11　不偏分散の標本分布（この分布は左右対称ではない）

5.8　KSAT の診断基準の精度を求める

不偏分散が求められたら，その正の平方根を母標準偏差の推定値として利用します。表 5-2 の標準偏差は，直下の不偏分散の正の平方根です。この値を利用して 5.6.3 項で説明した標本平均の標準誤差を計算することができます。

「論理力」の母標準偏差の推定値は 10.2 でした。基準集団（標本）では $n = 100$ なので，その推定精度は，標準誤差の式から，以下のように求めることができます。

$$\text{「論理力」標本平均の標準誤差} = \frac{\text{母標準偏差の推定値 (10.2)}}{\sqrt{\text{標本サイズ }(n=100)}} = 1.02$$

この式は，母標準偏差の推定値を利用しているので，5.6.3 項で解説した標準誤差そのものではなく，その推定値であるということに注意してください。それにしても，たった一つの標本から，無限回標本抽出したときの標準誤差が得られるというのは，驚くべきことではないでしょうか。推測統計学の威力を実感できる良い例だと思います。

表 5-2 では，KSAT の「論理力」の基準集団における標本平均は 25.3 となっていますが，標準誤差が 1.02 であったことから，この標本平均の推定誤差は，母平均を中心として ±1.0 点程度の範囲に大半が収まるということが理解できます。尺度得点の最低点は 0 点で，最高点は 50 点ですから，その目盛り上で平均的な誤差が ±1.02 点ならば，誤差としては許容できるでしょう。

表 5-3 は，KSAT の基準集団における，3 項目の平均の標準誤差を表したものです。「標準偏

[*9]　不偏分散の不偏性に関する数学的解説は，山田・村井（2004）に詳しいです。

差（推定値）」（不偏分散の平方根）を n の平方根で割った値が，「標準誤差」の行に記載されています．

表 5-3 を見ると，標準誤差の観点から最も精度高く母平均を推定しているのは，「計算力」の標本平均 31.2 であることがわかります．標準誤差が

表 5-3　KSAT の基準集団における平均・標準偏差・標準誤差

統計指標	論理力	記憶力	計算力
平均（推定値）	25.3	30.3	31.2
標準偏差（推定値）	10.2	7.3	3.4
標準誤差（推定値）	1.02	0.73	0.34

0.34 で，最も小さくなっています．逆に最も推定精度が低いのは「論理力」の標本平均 25.3 になります．標準誤差の比は，1.02÷0.34＝3 ですから，「計算力」の平均の推定精度は「論理力」の 3 倍であることがうかがえます．最も推定精度の低い「論理力」でも，誤差が 1 点程度に抑えられているので，KSAT の診断結果が全くあてにならないということはないようです．

本章の冒頭で D 君の診断をしましたが，特異なパターンが得られたのは検査の性質ではなくて，集団内での D 君のありようが客観的に示された，と考えるほうが自然でしょう．

不偏分散の平方根を母標準偏差の推定値としているので，この推定についても誤差も考慮する必要があります．しかし，心理学研究で報告されるのは，ほとんどの場合，標本平均の標準誤差です．

【文献】
南風原朝和（2002）．心理統計学の基礎——統合的理解のために．有斐閣
森敏昭・吉田寿夫編著（1990）．心理学のためのデータ解析テクニカルブック．北大路書房
豊田秀樹（1998）．調査法講義．朝倉書店
山田剛史・村井潤一郎（2004）．よくわかる心理統計．ミネルヴァ書房
吉田寿夫（1998）．本当にわかりやすいすごく大切なことが書いてあるごく初歩の統計の本．北大路書房

Quiz

理解できたかチェックしてみよう！

問1： 無作為に標本抽出することの意義として正しいものを1つ選んでください。

A. 母集団分布に対して標本に偏りを生じさせるため
B. 標本が母集団の全体を代表するように配慮したため
C. 標本が母集団の一部を代表するように配慮したため

問2： 大学生全体の「自尊感情」を測定するために、都内の大学生1,000人に対して質問紙を実施し、尺度得点を得た。この研究の標本数はいくつでしょうか。

A. 1000個　　B. 無限個　　C. 1個　　D. 0個

問3： 母集団の分布における代表値や散布度の呼称として正しいものを1つ選んでください。

A. 母数　　B. 母集団分布　　C. 標本平均　　D. 標本分布　　E. 推定値

問4： 標本平均の標本分布の定義で正しいものを1つ選んでください。

A. 1つの標本における標本平均の分布
B. 無数の標本における標本平均の分布
C. 母集団における平均
D. 標本平均の標準偏差

問5： 標本平均で母平均を推測することを何と呼びますか。正しいものを1つ選んでください。

A. 推察　　B. 考察　　C. 観察　　D. 推定　　E. 推論　　F. 邪推

問6： 標本平均の標本分布が母平均に一致することを何と呼びますか。正しいものを1つ選んでください。

A. 不偏分散　　B. 不偏統計値　　C. 不偏標準偏差　　D. 不偏性

問7：標準誤差の説明として正しいものはどれですか。1つ選んでください。

A. 標本の標準偏差
B. 母集団分布の標準偏差
C. 標本分布の標準偏差
D. 標本平均と母平均の差

問8：不偏分散の説明として正しいものはどれですか。1つ選んでください。

A. 偏差平方和÷標本数
B. 偏差平方和÷標本サイズ
C. 偏差平方和÷(標本数−1)
D. 偏差平方和÷(標本サイズ−1)

問9：100人のデータから，標本平均を求めたら20点でした。不偏分散が100であったとして，この標本平均で母平均を求める際の標準誤差の推定値を求めてください。その結果は，以下のどれになりますか。

A. 1   B. 0.1   C. 0.01   D. 0.001   E. 0.0001

第6章 異文化への適応を評価する ——1つの平均値の検定

　同一の文化圏に所属している人たちに共通する性格に関する特徴を，国民性という考え方で説明することがあります。たとえば，「アメリカ人は個人主義の程度が高いのに対し，日本人はその程度が低い」などとまとめるような場合です。このような例では，性格を解釈するうえで，個人が所属している集団からの影響を認めています。**異文化心理学（cross-cultural psychology）**や**社会心理学（social psychology）**と呼ばれる領域では，そのような「文化や集団が個人に与える影響」について，調査研究や実験研究によってアプローチしていきます。この「影響」は，母集団間での平均値差として現れることが多いので，標本からこの差を妥当に推測するという必要性が出てきます。本章では，この推測法について学びます。

6.1 アメリカに居住する日本人の意識調査

　日本の国立研究機関が，アメリカに居住して1年以内の日本人全員（短期群と呼ぶ）から，心理尺度によって個人主義傾向の母集団データを収集していたとします。この尺度は，最低点が0点，最高点が80点の5つの下位尺度の平均値で表されるもので，得点が高いほど個人主義の度合いが高いと解釈します。そのときの調査結果は，母平均が50点，母標準偏差が10点でした。短期群は全数調査をしているので標本平均をそのまま母平均，標本標準偏差を母標準偏差とすることができます。

　一方，日本の大学院で異文化心理学を専攻するカンナさんは，この研究機関の調査結果を読んで，「永くアメリカに居住することで個人主義傾向は高くなっていくのではないか」という仮説を立てました。そこで，アメリカに10年以上居住する日本人（長期群と呼ぶ）の個人主義傾向を調査して，国立研究機関の調査結果と比較することにしました。

　しかし，カンナさん個人が，国立研究機関のような大規模調査を行うことはできないので，長期群の母集団から30人を抽出して個人主義傾向を測定したところ，標本平均は54点，標本標準偏差は10点，不偏分散の平方根は10.171でした。標本平均の標準誤差は $10.171 \div \sqrt{30} \fallingdotseq 1.857$ です。図6-1は，短期群の個人主義傾向の母集団分布と，長期群の標本における得点分布を描いたものです。

　短期群の母平均は50点です。長期群の母平均が50点よりも十分大きければ，カンナさんの

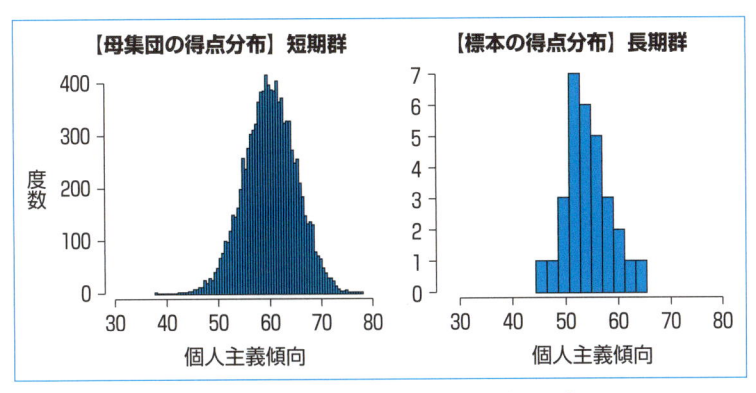

図 6-1 在米邦人の個人主義傾向得点の分布

個人主義傾向に関する仮説は証明されることになります。しかし，カンナさんの調査で得られたのは，あくまでも $n=30$ の標本での結果です。この結果を使って，長期群の母平均のほうが大きいことを主張しなければなりません。そこで，第 5 章で学んだように，標本平均を母平均の推定値としました。

標準誤差は 1.857 ですから，未知の母平均を中心にした平均的な誤差が ±1.857 点です。短期群の母集団平均は 50 点ですから，54 点（長期群の母平均の推定値）−50 点（短期群の母平均）= 4 点はその標準誤差 1.857 よりも大きい値になっています。つまり，標本から母平均を推定した誤差に配慮しても，母平均の間には確固たる差があると結論づけるのです。この主張には説得力があります。

ただ，この方法では，平均値差と標準誤差を比較する際に，研究者の主観的判断が必要になってしまうという問題があります。たとえば，平均値差は 4 点，標準誤差は 3.8 点だった場合，どのように判断すればよいでしょうか。「集団における平均の差の有無」について合理的に判断したい場合には，一般に上述の方法ではなく，本章で解説する**統計的仮説検定（statistical hypothesis testing）**を利用します。統計的仮説検定は**検定（test）**とも表記します。本章では **1 つの平均値の z 検定（one sample z-test）**と，**1 つの平均値の t 検定（one sample t-test）**を例に，検定のロジックについて解説します。

6.2 推定と検定の違い

検定について細かい説明に入る前に，第 5 章で紹介した推定との区別をしておきましょう。非常に基本的なことなのですが，初学者にとってこの区別は難しいようです。

すでに学んだように，推定とは，標本の統計値から母数を推測することです。標本平均で母平均を推定する，不偏分散で母分散を推定するといった場合には，母平均や母分散という具体的な「数値」を推測していることになります。カンナさんの調査では，短期群の母平均は 50 点で既知でしたが，長期群の母平均は未知です。そこで，長期群の 30 人のデータを利用して母平

均を推定し，その推定値と短期群の母平均50点とを比較していました（図6-2参照）。

一方，検定では，未知である長期群の母平均の推定には関心がありません。むしろ，「未知である長期群の母平均と，既知である短期群の母平均の間に差があるか」という点に関心があります。検定とは，母平均間（母数間）の差の「有無」を，標本のデータを使って推測する方法です（図6-3参照）。推定を行った場合には，推定値という1つの数値が「量的結果」として得られますが，検定を行った場合には，「差がある」もしくは「差がない」という「質的結果」が得られます。この点で両者は明確に区別できます。しかし，どちらの方法も，母数について推測しているという意味では同じです。

推測統計において，母数に対する推測のアプローチは，推定と検定の2手法に分類でき

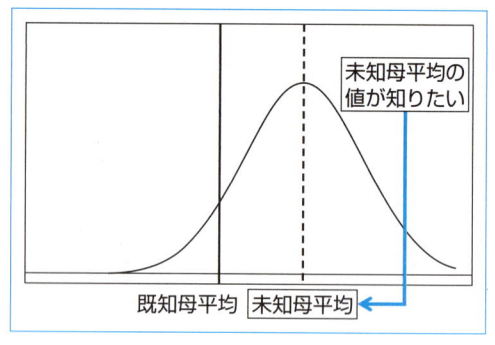

図6-2 推定の概念図

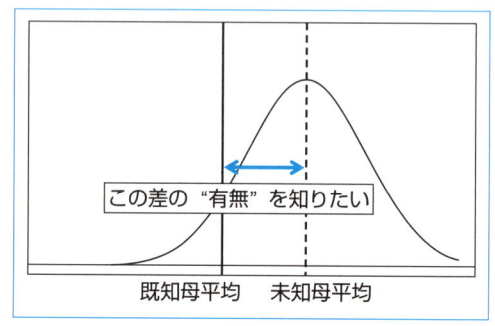

図6-3 検定の概念図

ます。特に，平均値差の観点から仮説を検証しようという研究が多い心理学では，検定は最もポピュラーな推測手法になっています。「差の有無」が分析結果となるので，その解釈も非常に簡潔に行えます。前節でふれたように，平均値差と標準誤差を比較して，母平均の差について分析者が主観的判断を下さなくてもすみます。

ただ，「差の有無」の情報しか得られないので，たとえば，実質的に意味のないようなわずかな差でも，「差がある」という結果を返す可能性もあります。このことについては6.10節で解説します。

6.3 仮説と検定の種類

カンナさんは，個人主義傾向について，「長期群の母平均は，短期群の母平均よりも大きい」という仮説を立てています。図6-4のⓐは，カンナさんの仮説を図示したものです。短期群の母平均をブラックの実線の垂直線，長期群の母平均をブルーの破線の垂直線で，それぞれ表現しています。長期群の母平均のほうが大きいと仮説を立てているので，短期群の母平均よりも右に位置しています。当然ですが，この破線の位置は実際には不明です。ここでは，短期群よりも長期群の母平均のほうが大きいということが重要です。図6-4のⓑは長期群の母平均のほうが小さいという仮説です。このような仮説も場合によっては考えられるでしょう。

図 6-4 の ⓒ には，ⓐ の仮説とⓑ の仮説の両方が含まれています。つまり，短期群の母平均と，長期群の母平均に「どちらの方向であっても差があれば良い」という仮説です。ⓐ と ⓑ の仮説は，どちらか一方の方向の差に関する仮説ですが，このような仮説を検証するのが，**片側検定（one tailed test）**です。ⓒ のようにⓐ と ⓑ の仮説を同時に検証するのが，**両側検定（two tailed test）**です。

検定を行う際には，ⓐⓑⓒ の 3 タイプの仮説のいずれか 1 つを，必ず立てます。これらの仮説を検定する場合には，さらに図 6-4 の ⓓ の仮説を立てる必要があります。ⓓ は，短期群の母平均と長期群の母平均が等しいという仮説です。つまり，ⓐⓑⓒ のすべての仮説を「無に帰する」仮説です。これを**帰無仮説（null hypothesis）**と呼びます。帰無仮説に対して，ⓐⓑⓒ の 3 つの仮説それぞれを，**対立仮説（alternative hypothesis）**と呼びます。

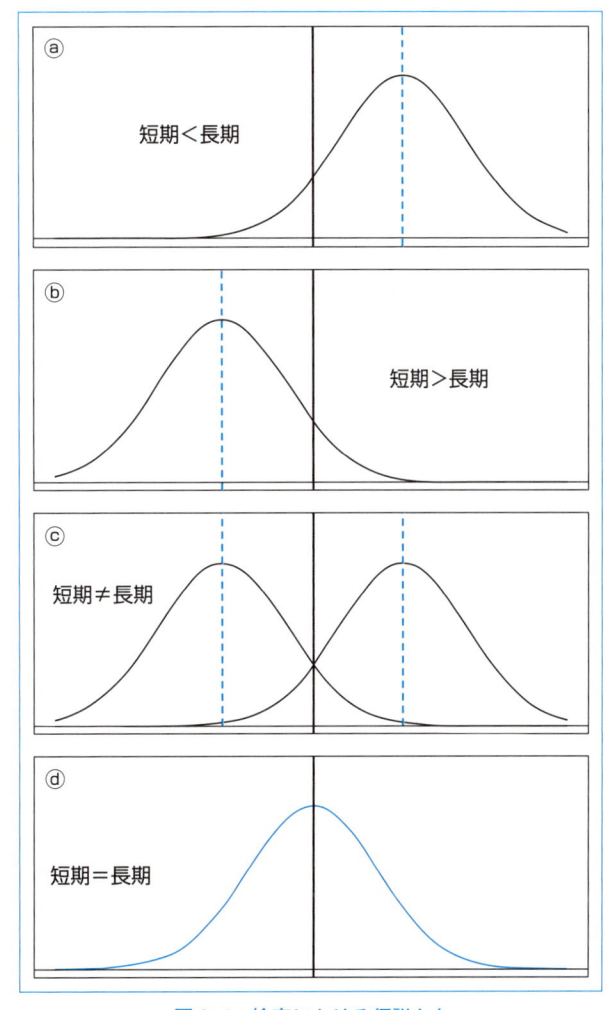

図 6-4 検定における仮説たち

検定では，対立仮説を証明したいために，一度それを「無に帰する」帰無仮説を立てます。そして，対立仮説が正しいことを示す信憑性のある証拠が標本データから得られたら，帰無仮説を**棄却（reject）**し，対立仮説を**採択（accept）**するという判断を行います。このようなロジックを，**背理法**と呼びます。帰無仮説が正しいという仮定に矛盾しないデータが得られた場合には，帰無仮説は棄却できません。採択と棄却は専門用語なので，一般用語とは区別して利用してください。

6.4 対立仮説の正しさを示す「証拠」

6.4.1 証拠としての標本平均

　検定は，帰無仮説と対立仮説の戦いです。対立仮説の勝利（採択）のためには，「対立仮説が正しい証拠」を示す必要があります。また，「証拠の信憑性」の高さも重要です。

　カンナさんの立てた「長期群の母平均は，短期群の母平均よりも大きい」という対立仮説を支える一つの証拠は，長期群の標本平均が54点であり，短期群の母平均50点よりも4点上回っていることです。それでは，この4点の差をもって，2つの群の母平均に差があると強く主張できるでしょうか。

　そのような主張は，この結果のみからでは難しいと思います。なぜなら標本サイズが30人と少ない場合には，標本の選び方によって標本平均も大きく変動するからです。「その30人では確かに4点の差が生じたけれど，それは偶然の結果で，別の30人では差は0点になってもおかしくないよね」という，ごもっともなツッコミを論破できません。標本平均という証拠は提出できたのですが，その証拠の信憑性が伴っていないので，言い負かされてしまうのです。

6.4.2 信憑性評価のための準備

　幸いなことに，証拠の信憑性を評価する方法があります。ただ，この方法を利用するためには，2つの仮定が必要です。1つめの仮定は，長期群の母集団分布が正規分布であること，2つめの仮定はその正規分布の標準偏差（分散）が既知であることです。心理尺度の母集団分布は多くの場合，正規分布になることが知られていますから，1つめの仮定はクリアできます。問題は2つめの仮定です。長期群の母平均すらわからないので，母標準偏差がわかっているはずはありません。ただ，短期群の母集団分布における母標準偏差は，10であることがわかっています。そこで，長期群の母標準偏差も10であると，思い切って仮定します。もちろん，その際，この仮定が妥当かを事前に調査しておく必要があります。これで2つめの仮定もクリアします。

　以上の仮定から，長期群の母集団分布は正規分布であり，かつ，母標準偏差は既知の状態となりました。母平均のみが未知です。検定は背理法を利用して実行されるので，最初に，帰無仮説が正しいことを認めなければなりません。そこで，長期群の未知の母平均を，短期群と同じ50点と設定します。この仮定のもとで $n=30$ で長期群の母集団から標本抽出し，標本平均を計算するということを無数に繰り返すと，標本平均の標本分布が形成されます。平均の標本分布ですから，第5章で学んだように，その分布は正規分布であり，平均と標準偏差は次のようになります。

$$\text{平均} = \text{母平均} \quad \text{標準偏差（標準誤差）} = \frac{\text{母標準偏差}}{\sqrt{\text{標本サイズ}}}$$

カンナさんの研究では，この標本分布は先の式に当てはめると，以下のような正規分布になります。

$$\text{平均} = 50 \quad \text{標準偏差（標準誤差）} = \frac{10}{\sqrt{30}} \fallingdotseq 1.826$$

帰無仮説が正しい場合の標本分布を**帰無分布（null distribution）**と呼びます。帰無分布を定めることができたら，証拠の信憑性評価の準備は整ったことになります。図 6-5 はこの検定で利用する帰無分布です。平均が短期群の母平均 50 と等しくなっていることを確認してください。

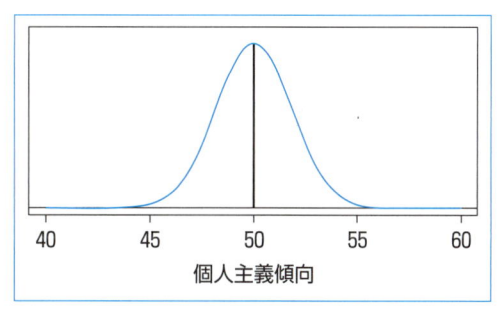

図 6-5　帰無分布（平均＝50，標準偏差＝1.826 の正規分布）

6.5　証拠の信憑性を評価する

6.5.1　証拠の信憑性＝レア度

帰無仮説が正しいという仮定のもとで，その証拠の信憑性を「レア度（希少性）」という指標で考えることにします。カンナさんの研究でいえば，「短期群と長期群の母平均が一致している」という帰無仮説のもとで，54 点という値が非常に「レア」な現象であるといえるのならば，その標本平均は，帰無仮説が正しいという仮定のもとで偶然出現したと考えるのではなく，長期群の母平均の高さが現れたものとして考えるのです。このとき，その証拠の信憑性は非常に高いと判断します。

図 6-6 の ⓐ は，カンナさんの研究における帰無分布です。帰無分布は正規分布になってい

ますから，その曲線内の面積は1です。検定では標本平均のレア度を，「その値以上が出現する確率」として定義します。ⓐでは54点以上の領域がブルーになっていますが，この面積が54点以上の値が出現する確率になります。この確率が非常に小さければ，54点という標本平均は，帰無仮説が正しいという仮定のもとで偶然生じた現象ではなく，対立仮説が正しい状況で必然的に生じた現象，と考えることになります。

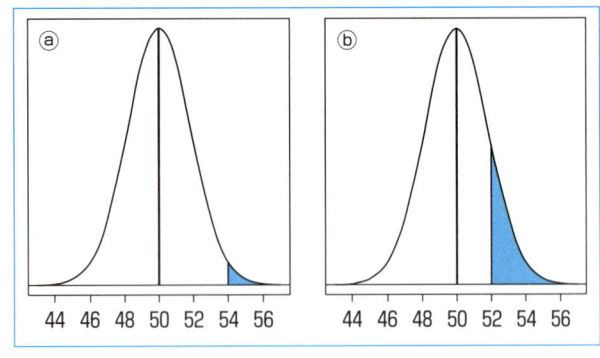

図6-6　レア度は確率で表現する

6.5.2　有意確率と有意水準

　54点以上の値が出現する確率（面積）をコンピュータによって求めたところ，0.0142となりました。100回中1回ぐらいしか出現しない現象です。一方，図6-6のⓑでは，標本平均が52点の場合のレア度を求めています。その確率は0.137となりました。52点よりも54点のほうが，約10倍程度レアな現象であることがわかります。レア度を表現するこの確率を，**有意確率（significance probability）** と呼びます。有意とは「統計的に意味がある」ということを表現した言葉です。有意確率は，***p*値（p-value）** ともいいます。この2つの表現は併せて覚えてください。

　統計学の世界では，有意確率に関する判断基準として，**0.05（5％）**，**0.01（1％）** という数値が用いられています。この判断基準のことを，**有意水準（significant level）** と呼びます。有意水準は，**α（アルファ）** と表記する場合もあります。有意確率が0.05未満（$p<0.05$）あるいは，0.01未満（$p<0.01$）であれば，「その証拠は偶然に生じたとは考えにくい」と結論づけることができます。

　カンナさんの調査では，標本平均54点の有意確率は0.0142ですから，有意水準を0.05とした場合に，その判断基準を下回っています。つまり，54点という標本平均は，帰無仮説のもとでは偶然に生じたとは考えにくく，むしろ，対立仮説のもとで得られた現象と考えるほうが，自然であるということを示しています。この結果から，帰無仮説を棄却して，対立仮説を採択することができます。

6.5.3　有意差

　カンナさんの調査で得られた長期群の54点という平均値は，帰無仮説が正しい場合の平均50点よりも，4点大きい値でした。この4点差について，先に「偶然生じたのではないか？」とツッコまれたわけですが，54点に対応する有意確率が有意水準よりも小さかったことで，「こ

の4点の差は偶然で生じたとは考えにくい」と、いえるようになりました。この4点の差は、**有意差（significant difference）**と呼ばれます。統計的に意味のある差ということです。レポートにまとめる際には、たとえば、「54点という標本平均と、50点という母平均間に5%有意水準で、有意差が見られた」などと記述します。さらに続けて、「長期群の母平均と短期群の母平均に差がある可能性が示唆された」と記述するとなおよいでしょう。

6.6　1つの平均値の z 検定 ── 片側検定

　第3章で、標準正規分布という確率分布について学びました。標準正規分布とは、z得点を横軸にとった場合の正規分布でした。標準正規分布では、たとえば、$-1〜+1$の範囲の値が出現する確率が68.3%、$-2〜+2$の範囲の値が出現する確率が95.4%というように、巻末付録の1「標準正規分布表」を参照すれば、コンピュータを使って複雑な計算をしなくてもzに対応する有意確率を簡単に求めることができます。

　これに対して、カンナさんの検定での帰無分布は、平均＝50、標準偏差＝1.826の正規分布です。この正規分布で54点以上の値が出現する確率（有意確率）を求めるのは、なかなか骨が折れる仕事です。具体的には、図6-6ⓐの54点以上のブルーの部分の面積をコンピュータによって求めなければならないからです。

　第3章で学んだように、元の分布が正規分布であれば、標準化後の分布は標準正規分布になります。したがって、横軸が標本平均の帰無分布も、これを標準化してz得点に変換しておけば、標準正規分布になります。これによって、巻末付録の1「標準正規分布表」を利用して、有意確率を簡単に求められます。

　標本平均から、z得点への変換式（標準化の式）は、以下のようになります。

$$z = \frac{標本平均 - 帰無分布の平均}{\dfrac{母標準偏差}{\sqrt{標本サイズ(n)}}}$$

　標本平均と帰無分布の平均との偏差を計算し（分子）、それを帰無分布の標準偏差（分母）で割っています。分母は標本分布の標準誤差であることにも注意してください。

　カンナさんの調査では、標本平均＝54、帰無分布の平均＝50、母標準偏差＝10、標本サイズ＝30ですから、上記の式に当てはめると以下のようになります。

$$z = \frac{54 - 50}{\frac{10}{\sqrt{30}}} = 2.191$$

この分布の形状と z 得点の対応を図 6-7 に掲載しました。ここで，$z = 2.191$ に対応する有意確率を求めてみます。

巻末付録の 1「標準正規分布表」では，z 得点は小数点以下第 2 位までしか表示されていないので，2.191 に対応する有意確率を求めることができません。このような場合には $z = 2.20$ ではなく，より極端でない $z = 2.19$ を参照すればよいでしょう。なぜなら $z = 2.20$ にした場合，有意確率が小さくなって検定結果が不当に有意になりやすいからです。

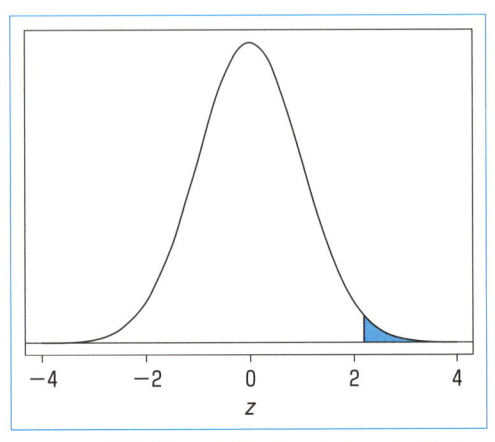

図 6-7　標準化された標本分布（ブルーの部分は有意確率）

表より，2.19 以上の値が出現する確率は 0.0143 です。この値は標本平均で 54 点以上が出現する確率に対応しています（0.0001 の差こそありますが）。図 6-7 のブルーの部分の面積が，この確率に一致します。

有意確率 = 0.0143 は有意水準 5% で有意な結果です（$p < 0.05$）。一方，有意水準 1% では有意な結果とはなりません（$p > 0.01$）。帰無分布の平均は，標準正規分布では 0 に対応しているので，$2.191 - 0 = 2.191$ という z 得点上の差は，有意差であることがわかります。

以上のように，1 つの標本平均を帰無分布上で標準化し，z に対応する有意確率を求め検定を行うものを，1 つの平均値の z 検定と呼びます。

6.7　1 つの平均値の z 検定 —— 両側検定

前節で，「長期群の母平均のほうが大きい」という，カンナさんの対立仮説が採択されました。もし，長期群の標本平均が 48 で，「長期群の母平均のほうが小さい」という対立仮説を立てたのであれば，対応する z 得点は -1.095 になり，その有意確率は -1.095 以下の値が出現する確率になります。この確率は，図 6-8 ⓐ のブルーの部分です。この確率は 0.137 ですから，有意水準 5% で，有意差はありません。以上は片側検定の実行手続きになります。

それでは，「短期群と長期群の母平均に差がある」という対立仮説を，両側検定によって検定したい場合には，どのような手続きをとればよいのでしょうか。幸いなことに，z 得点を求めるまでの手続きは全く一緒です。しかし，有意確率の求め方が異なります。

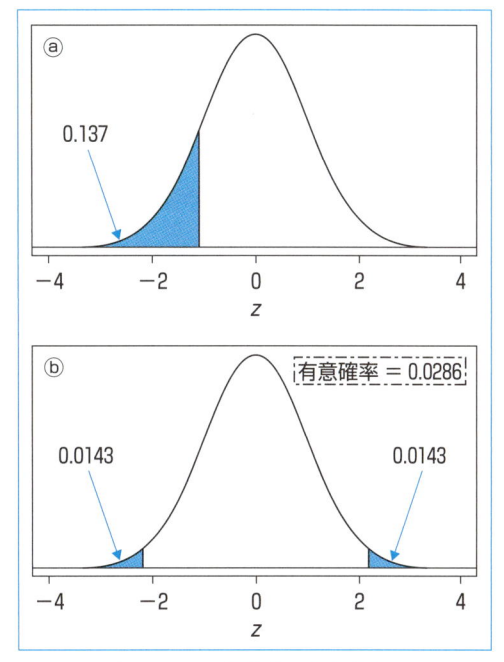

両側検定の有意確率は，片側検定の有意確率の 2 倍になります。たとえば，カンナさんの片側検定では，z 得点が 2.19 以上の値が出現する確率が 0.0143 でしたが，両側検定で行う場合には，その 2 倍の 0.0286 が有意確率になります。この確率を図として表現したものが，図 6-8 ⓑ のブルーの部分です。

両側検定では，短期群の母平均より標本平均が大きくても小さくても，どちらでもよいということでしたから，標本平均の絶対値が有意であるかを考察することになります。したがって，図 6-8 ⓑ のように 2.19 以上の出現確率と，−2.19 以下の出現確率を同時に求める必要があります。帰無分布は標準正規分布であり，左右対称ですから，2.19 以上の値が出現する確率が 0.0143 である場合には，

図 6-8　両側検定の有意確率

−2.19 以下の値が出現する確率も 0.0143 となります。同じ標本平均なら，片側検定よりも両側検定のほうが有意確率は大きくなります。したがって，同一の有意水準のもとで，両側検定のほうが相対的に有意差が出にくい検定となっています。

両側検定の有意確率は 0.0286 ですから，有意水準 5％ で検定結果は有意となり，「短期群と長期群の母平均に差がある」という対立仮説を採択することができます。

6.8 棄却域と臨界値

これまで説明したように，対立仮説の採択・棄却の判断は，有意確率と有意水準を比較することで行います。このことを別の角度から考察してみましょう。

片側検定で有意水準を 5％ として考えてみます。図 6-9 ⓐ は標準正規分布で，5％ に対応する部分がブルーで表示されています。また，このブルーの部分を定義する z の区間は，1.65 から始まっていることがわかります。1.65 以上の z の出現確率が 0.05 ですから，たとえば 1.66 以上の値が出現する確率は，わずかですが 0.05 よりも小さくなります。また，1.64 以上の値が出現する確率は，わずかですが 0.05 よりも大きくなります。

このことから，標本平均の z 得点が 1.65 以下であれば，その有意確率は 0.05 以上になりますから，帰無仮説は棄却できません。一方，z 得点が 1.65 を超える場合には，有意確率は 0.05 未満になりますから，対立仮説を採択することができます。

つまり，1.65 から開始する z 得点上の区間に，標本で計算した z 得点が含まれる場合には帰

無仮説は棄却され，区間に含まれない場合には帰無仮説は棄却できないという判断が可能です。このことから，z得点上に作られるこの区間は，**棄却域（rejection region）**と呼ばれます。そして，この棄却域の始点は，**臨界値（critical value）**と呼ばれます。zの得点が臨界値を超えれば「有意差あり」，越えなければ「有意差なし」という判断も可能です。ちなみに，棄却域の終点は+∞です。

以上は片側検定における棄却域です。両側検定では，帰無分布の右裾と左裾に棄却域を設けて，その確率の和が0.05になるように設定します。図6-9 ⓑを見てください。確率の和を0.05とするためには，片側の確率を0.025に設定します。このときの臨界値は，右裾で1.96，左裾で-1.96となります。

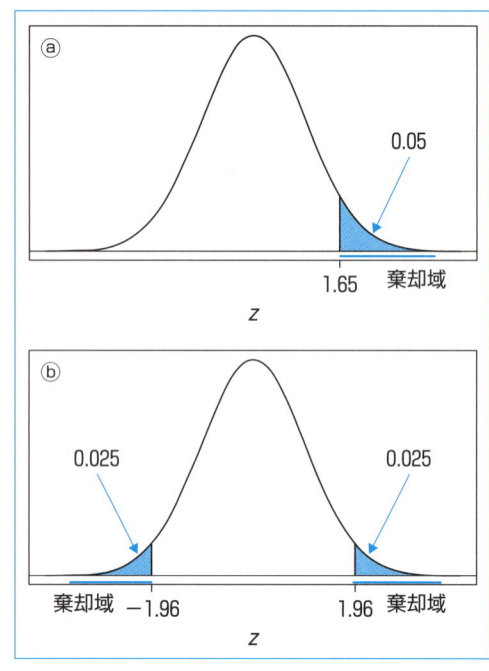

図6-9　有意水準5%の棄却域

5%有意水準のz検定では，片側検定の臨界値は絶対値1.65，両側検定では絶対値1.96です。1%有意水準の臨界値は片側では絶対値2.33，両側では絶対値2.58です。

6.9 検定における推測の誤差

検定も推定と同様に推測統計ですから，やはり推測における誤差に配慮する必要があります。この誤差には2種類あります。**第1種の誤り（type 1 error）**と，**第2種の誤り（type 2 error）**です。この2つの誤りが存在する以上，検定結果が有意であったとしても，「母平均間に差がある」と言い切れません。「母平均間に差があることが強く示唆された」などと，2つの誤りの可能性に配慮した表記をすべきです。

6.9.1　第1種の誤り

第1種の誤りとは，帰無仮説が正しいのにもかかわらず，これを誤って棄却してしまうことで，その誤りを犯す確率を**危険率**と呼びます。図6-10は，片側検定で有意水準5%の面積の部分をブルーで表示した帰無分布です。6.4.2項で解説したように，帰無仮説が正

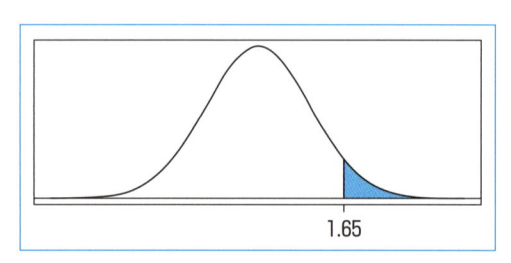

図6-10　第1種の誤り（片側検定）

しいときの母集団から無数に標本抽出すると，標本平均の分布は図 6-10 のように分布する，ということを意味しています。検定では，手元の標本の z 得点が棄却域の中に入った場合に，それは「帰無仮説が正しいという状況で偶然生じたのではない」と結論します。この，「偶然生じたのではない」という判断を行うための基準が，有意水準です。

しかし，図 6-10 に示す帰無分布は，あくまでも帰無仮説が正しい場合の標本平均の分布ですから，棄却域に含まれる z も出現確率はかなり低いですが，それでも確かに出現するわけです。つまり，有意水準 5％ で帰無仮説を棄却する場合には，実際には帰無仮説が正しいのにこれを誤って棄却してしまう可能性が，5％ 存在していることになります。

危険率は検定における推測の誤差です。この誤差を小さくしたいのならば，有意水準をできる限り低く設定すればよいのです。5％ 水準よりも 1％ 水準，1％ 水準よりも 0.1％ 水準のほうが，より誤差が小さい検定ということになります。

6.9.2 第 2 種の誤り

対立仮説が正しいときに，これを誤って棄却してしまうことを，第 2 種の誤りと呼びます。図 6-11 は，帰無分布とともに，対立仮説が正しいときの z の分布を表したものです。これを**対立分布**と呼びます。対立仮説の母平均は未知ですから，図 6-11 は実際には描画することはできません。仮に，未

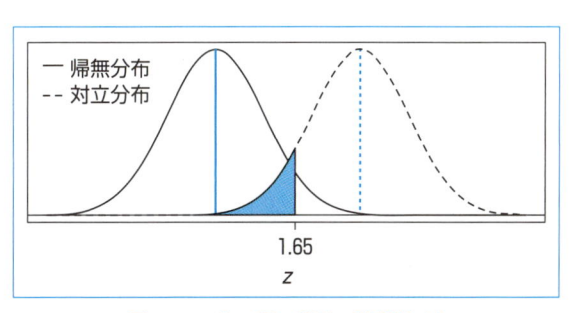

図 6-11 第 2 種の誤り（片側検定）

知の対立分布が図 6-11 のようになっていたとすると，対立分布の左裾のブルーの部分は，対立仮説が正しいのに，誤ってこれを棄却してしまう確率になっています。この確率は β（ベータ）と表記されます。β を小さくする工夫については，次節で説明します。

6.10 検定結果の解釈における留意点

検定結果の解釈についてはさまざまな誤解があります。代表的なものに，「より低い有意水準で有意差が得られたほうが，母集団平均の差が大きい」というものがあります。文脈によっては，この解釈が正しい場合もあるのですが，多くの場合，誤解から生じた不正確なものです。この理由について説明しましょう。

6.10.1 有意水準と標本サイズの関係

カンナさんの検定では，z 得点は以下のように 2.191 であり，5％ 水準で有意でした。

$$z = \frac{54 - 50}{\frac{10}{\sqrt{30}}} = 2.191$$

しかし，1% 水準では有意ではありませんでした。もし，この検定を 1% 水準で有意にしたいのであれば，z 得点をできる限り大きくする必要があります。そのためには，上の式の分母を小さくすればよいのですが，分母の母標準偏差 10 は母集団の性質ですから，カンナさんにはコントロールできません。

しかし標本サイズならば，カンナさんの努力で増やすことができます。もし，カンナさんが追加調査をして，長期群の標本サイズを 10,000 にできたとします。そして，長期群の標本平均は，51 とかなり低くなったとします（短期群の母平均と 1 点差）。標本サイズが 30 のときの標本平均 54 点よりも，標本サイズ 10,000 のときの標本平均 51 のほうが，長期群の母平均を精度高く推定しているのは間違いないでしょうから，実際には，短期群と長期群の母平均間の差はかなり小さいことが予想されます。

さて，このときの z 得点は，以下のように 10 となります。

$$z = \frac{51 - 50}{\frac{10}{\sqrt{10000}}} = 10$$

1% 水準の片側検定での臨界値は 2.33 ですから，わずか 1 点差でも有意差ありと判断できます。また，標本平均も 54 点から 51 点に下がったにもかかわらず，より厳しい 1% 水準で有意になっていることにも注意してください。以上から明らかになったと思いますが，標本平均と帰無仮説が正しいときの母平均の差がどんなにわずかであっても，標本サイズを増やしていけば，z 得点は大きな値となり，どんな有意水準でも有意差ありと判断されます。このことは，母平均値差に実質的には意味がないようなわずかな差しかなかったとしても，標本サイズを増やしていけば，どんな有意水準でも必ず有意差が出ることを意味しています。たとえば，母平均値差が 0.001 と，実質的に意味がない差であっても，標本サイズを限りなく大きくすれば，有意差が得られてしまうということです。

どの有意水準で有意になったか，ということを母集団の平均値差に関連づけて解釈する場合には，少なくとも標本サイズの条件を一定にしたうえで，議論する必要があります。

6.10.2 β との関係

標本サイズを増やすことで，第 2 種の誤り（β）を減少させることができます。図 6-12 は，

標本サイズを55まで増加させたときの帰無分布と対立分布です。図6-11は標本サイズ30の場合の状況ですが、βを示すブルーの面積は明らかに減少しています。

標本サイズを増加させることで、標準化された後の対立分布の母平均は、より大きな値になります。結果として、2つの分布の乖離度が大きくなり、βの値も小さくなります。αとβがともに小さい状況で、実質的に意味のある平均値差を検出するということが重要です。

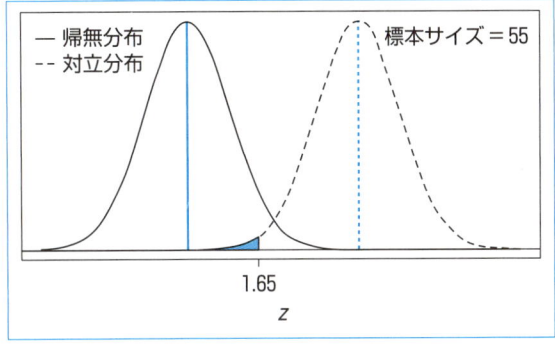

図6-12 標本サイズ55での帰無仮説と対立仮説の分布

6.11 1つの平均値の t 検定

6.11.1 母標準偏差が未知のとき

1つの平均値の z 検定を利用するためには、長期群の母集団分布が正規分布していること、母標準偏差（母分散）が既知であること、という2つの仮定が必要でした（6.4.2項を参照してください）。2つの仮定のうち、後者のために短期群の母集団分布における標準偏差を利用した点について、「すこし乱暴な仮定ではないか」と感じたかもしれません。そこで、無理な仮定をやめて、カンナさんの研究で集められた長期群 $n=30$ の標本から推定された不偏分散の平方根を、長期群の母標準偏差として代用したいと思います。

質問コーナー

どうして「標本サイズを増加させることで標準化された後の対立分布の母平均は、より大きな値となります」といえるのですか？ 標本サイズを変えても母平均は一定ではないのですか？

標本サイズを増加させても対立分布の母平均は変化しません。しかし、それは標準化する前の分布においてです。標準化した分布では、母平均の位置は変化する可能性があります。

標準化する前の帰無分布の母平均が10、対立分布の母平均が15だったとします。標準誤差は両分布で $20 \div \sqrt{16} = 5$ だったとします。帰無分布における対立分布の母平均の相対的位置は、z 得点の公式を利用して $(15-10) \div 5 = 1$ と求められます。これは、帰無分布の平均を0、標準偏差を1とした場合の z 得点です。さて、今、標本サイズを16から100に増加させます。このとき、標準誤差は $20 \div \sqrt{100} = 2$ ですから、対立分布の母平均15の z 得点は $(15-10) \div 2 = 2.5$ となります。このように、標本サイズを16から100に増加させたことで、標準化後の対立分布の母平均は1から、2.5に増加しています。

$n=30$ の標本から得られた不偏分散の平方根は本章の冒頭で説明したように，10.171 でした。この値を利用して，1つの平均値の z 検定における z 得点を求めてみると，6.6節の式から，以下のようになります。

$$z = \frac{54-50}{\frac{10.171}{\sqrt{30}}} = 2.154$$

標準正規分布表を参照すると，2.15 以上の値が出現する確率（p 値）は 0.0158 であり，片側検定，有意水準 5% で有意です。以上から，「不偏分散を利用しても結果は変わらなかった。めでたしめでたし」で話が終わればよいのですが，残念ながらそういうわけにはいきません。

さきほど，母標準偏差ではなく，不偏分散の平方根を利用した次の式を用いました。

$$t = \frac{標本平均 - 帰無分布の平均}{\frac{不偏分散の平方根}{\sqrt{標本サイズ(n)}}} = \frac{54-50}{\frac{10.171}{\sqrt{30}}} = 2.154$$

この式の結果は，z ではなく **t 値（t-value）** という値になります。標本平均の z 得点の標本分布は標準正規分布になりましたが，母標準偏差を不偏分散の平方根で代用した t 値の標本分布は，標準正規分布とはならず，**t 分布（t-distribution）** という確率分布になります。

図 6-13 に 3 つの t 分布を表示します。正規分布の形状を決定するのは平均と標準偏差の 2 つの値ですが，t 分布の形状を決定するのは **自由度（degree of freedom：df）** という値です。自由度は，以下の式で求めることができます。

$$自由度 = 標本サイズ - 1$$

t 分布は確率分布なので，正規分布同様，曲線に囲まれた面積が確率を表現します。図 6-13 には自由度 1，自由度 3，自由度 30 の t 分布が描画されています。t 分布は 0 を中心とした左右対称の分布であり，0 以上の t 値が出現する確率は 0.5，0 以下の t 値が出現する確率も 0.5 となります。自由度を ∞（無限大）とする場合，t 分布は標準正規分布に一致するという性質があります。

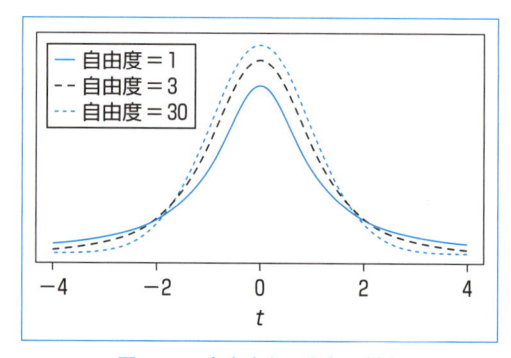

図 6-13　自由度と t 分布の対応

カンナさんの研究では標本サイズ＝30 ですから，自由度 29 の t 分布を参照することになります。この t 分布上で 2.154 以上の値が出現する確率（すなわち有意確率）が任意の有意水準 α 以下であれば，検定結果は有意となります。

図 6-14 は，自由度 29 の t 分布について，片側検定で有意水準 5% とした場合の棄却域で定義される面積（確率）を，ブルーで表示したものです。臨界値は 1.699 であり，カンナさんの収集した標本での t 値は 2.154 で臨界値を上回っていることから，z 検定の結果と同様，有意な結果が得られました。

t 分布を利用したこの検定を，1 つの平均値の t 検定と呼びます。この検定は，t 値の計算式と参照する分布が異なるだけで，その他については，1 つの平均値の z 検定での解説がすべて当てはまります。

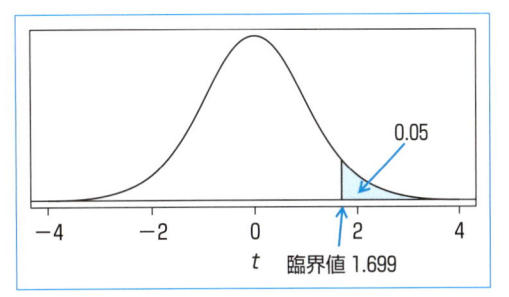

図 6-14　自由度 29 の t 分布における片側検定のための臨界値

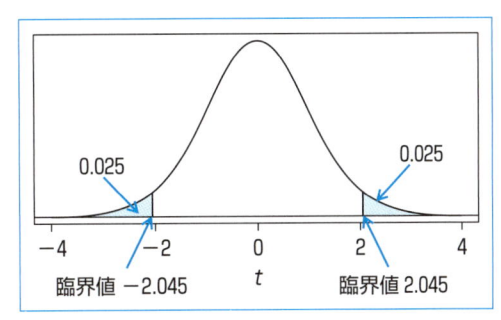

図 6-15　自由度 29 の t 分布における両側検定の為の臨界値

ちなみに，仮に両側検定で有意水準 5% とした場合には，臨界値は図 6-15 に示すように，2.045（−2.045）となります。t 値は 2.154 でしたから，こちらの検定でも有意な結果が得られます。

6.11.2　t 分布表の使い方

z 検定では標準正規分布表を利用して，z 得点に対応する有意確率（p 値）を算出しました。これに対して，t 検定の場合には，巻末付録の 2，**t 分布表（t-distribution table）** を利用します。標準正規分布表には，z 得点に対応する確率が記載されていました。それに対して，t 分布表には，自由度と検定の方向性，そして有意水準の組み合わせに応じた臨界値が記載されています。表の使い方を説明します。

図 6-16 は t 分布表の一部を抜粋したものです。仮に，標本サイズが 4 であり，両側検定で有意水準 1% として t 検定を行いたいのであれば，自由度＝4−1＝3 の行の 5 列目に記載されている臨界値よりも，手

自由度	片側検定臨界値 1%	5%	10%	両側検定臨界値 1%	5%	10%
1	31.821	6.314	3.078	63.657	12.706	6.314
2	6.965	2.920	1.886	9.925	4.303	2.920
3	4.541	2.353	1.638	5.841	3.182	2.353
4	3.747	2.132	1.533	4.604	2.776	2.132

図 6-16　t 分布表の見方

元にある t 値の絶対値（両側検定なので負の値もとりうるため）が大きいかどうかを確認すれ

ばよいのです。

　ところで，自由度を∞とすると，t 分布は標準正規分布と一致します。この性質を確認しましょう。t 分布表には自由度が∞の行があります。この行の数値は，標準正規分布表の臨界値と一致しています。たとえば，6.8 節では，両側検定で有意水準を 5% とした場合の z 検定のための臨界値は，絶対値で 1.96 であることを学びました。t 分布表において，自由度∞の際の両側検定で有意水準 5% の臨界値は，1.96 になっていますね。

　標本サイズを大きくすれば，不偏分散の平方根の推定精度が上がって，母標準偏差にどんどん近い値になります。すると，t の計算式を利用していても，実質，z 検定を行っていることとかわりないということになります。分布表を参照すると，自由度が 150 以上あれば，t 検定と z 検定の結果は，ほぼ変わらなくなることがわかります。

【文献】
南風原朝和（2002）．心理統計学の基礎——統合的理解のために．有斐閣
森敏昭・吉田寿夫編著（1990）．心理学のためのデータ解析テクニカルブック．北大路書房
豊田秀樹（1998）．調査法講義．朝倉書店
山田剛史・村井潤一郎（2004）．よくわかる心理統計．ミネルヴァ書房
吉田寿夫（1998）．本当にわかりやすいすごく大切なことが書いてあるごく初歩の統計の本．北大路書房

Quiz

理解できたかチェックしてみよう！

問1：1つの平均値のz検定における説明で正しいものを1つ選んでください。

A. 2つの未知の母平均間の差に関する検定
B. 1つの既知の母平均と，1つの未知の母平均との差に関する検定
C. 2つの既知の母平均間の差に関する検定

問2：「有意」という表現が含まれていることの説明として，正しいものを1つ選んでください。

A. 偶然生じるような当たり前の結果
B. 偶然生じないような珍しい結果
C. 偶然生じるような珍しい結果
D. 偶然生じないような当たり前の結果

問3：有意確率と同じ意味をもつ統計用語として，正しいものを1つ選んでください。

A. F値　　B. χ^2値　　C. t値　　D. z値　　E. p値

問4：有意水準と同じ意味をもつ統計用語として，正しいものを1つ選んでください。

A. 検定力　　B. 危険性　　C. 検定率　　D. 危険率　　E. 第2種の誤り

問5：標準正規分布で1.96以上の値が出現する確率はいくつでしょうか。

A. 0.5　　B. 0.05　　C. 0.025　　D. 0.0025　　E. 0.0005

問6：統計的仮説検定で試される2つの仮説の組み合わせとして，正しいものを1つ選んでください。

A. 棄却仮説と退却仮説　　B. 帰無仮説と対立仮説　　C. 検定仮説と棄却仮説

問7：1つの平均値のz検定で，その値を超えると検定結果が有意になるようなz得点上の値の呼び方として，正しいものを1つ選んでください。

A. 敏感期　　B. 臨界期　　C. 境界値　　D. 臨界値　　E. 境界点

問8：全国統一学力検査の結果，大手学習塾「中野塾」に通う10万人の塾生の母集団平均は50点，母標準偏差は5点でした。一方，中堅学習塾「西荻学園」から塾生100人を無作為抽出し，標本平均を求めたところ60点でした。では，「西荻学園」の母標準偏差が5点だったと仮定して，「中野塾」の母集団平均50点と，「西荻学園」の未知の母平均の間に差があるかを，1つの平均値のz検定によって検定してください。有意水準は5％，両側検定とします。

問9：1つの平均値のz検定における帰無分布の説明として，正しいものを1つ選んで下さい。

A. 帰無仮説が誤っているときの標本平均の標本分布
B. 対立仮説が正しいときの標本平均の標本分布
C. 帰無仮説が正しいときの標本平均の標本分布

第7章 心理学論文を読むために ——パーセンタイル，χ^2検定，信頼区間など

　これまでの章では，「必要最低限をきっちり学ぶ」というコンセプトで，記述統計と推測統計の基礎的なことがらについて説明してきました。説明の簡潔性を優先したために，いくつかの重要事項を省略しています。しかし，実際に心理学の専門書やテキストを読み進めていくと，これまでの章で登場していない様々な統計用語が飛び交っています。最終章では，記述統計と推測統計の基礎知識の中から重要なものをピックアップし，解説していきます。

7.1 四分位数とパーセンタイル

　第2章で学んだ代表値に，中央値がありました。これは，データを小さいほうから順に並べていったとき，ちょうど中央に位置する値です。この中央値と密接な関係にある代表値として，**四分位数**（quartile）があります。中央値はデータを2分割する値でしたが，四分位数はその2つに分割されたデータを，さらに2分割する（つまり4分割する）値で，中央値も含めて3つ存在します。それぞれを，値の小さいほうから，**第1四分位数**，**第2四分位数（中央値）**，**第3四分位数**と呼びます。第2四分位数は中央値ですから，データを50％に分割する値です。第1四分位数と第3四分位数は50％に分割されたデータを，さらに25％ずつ分割する値です（図7-1を参照）。第2章で紹介した誠信高校夜間部の生徒11人から次のような身長データが得られていたとします。

160.2 cm，163.4 cm，<u>164.1 cm</u>，166.0 cm，167.7 cm，<u>169.6 cm</u>，170.5 cm，171.5 cm，<u>172.3 cm</u>，173.0 cm，173.2 cm

　第2章で説明したように，データが奇数個ならば中央値は真ん中の値になります。このデータ例では169.6 cmが中央値であり，第2四分位数となります。さらに第2四分位数を除いた10個のデータのうち，最初の5つのデータの中央値164.1 cmが，第1四分位数と

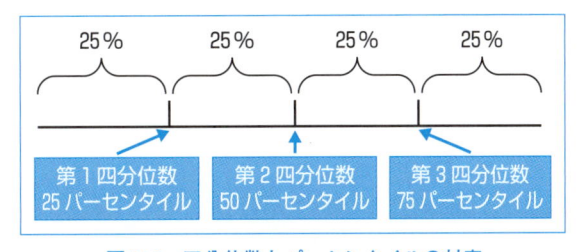

図7-1　四分位数とパーセンタイルの対応

なります。同様に，最後の5つのデータの中央値 172.3 cm が，第3四分位数となります。

データ数が偶数個の場合は，中央の2つのデータの平均値が第2四分位数となります。また第1四分位数は最初の50%のデータにおける中央値，第3四分位数は最後の50%のデータにおける中央値となります[*10]。たとえば，先の身長データで最後の 173.2 cm がないとすると，第2四分位数は $(167.7+169.6) \div 2 = 168.85$ となります。第1四分位数は最初の50%のデータにおける中央値ですから 164.1 cm となります。同様に第3四分位数は 171.5 cm となります。

四分位数と併せてよく用いられる指標に，パーセンタイル（percentile）があります。これは，データの分布を100分割する99個の値です。なお，パーセントは割合を示し，パーセンタイルはその割合を決める値です。この観点からは第1四分位数は，その下に全データの25%のデータが存在しているので，25パーセンタイル（25-pct）と呼ばれます。同様に，第2四分位数（中央値）は50パーセンタイル，第3四分位数は75パーセンタイルと呼ばれます。第3章で学んだ標準正規分布では，25パーセンタイルは $z = -0.67$，75パーセンタイルは $z = 0.67$ となります（図7-2を参照）。

パーセンタイル	25-pct	50-pct	75-pct
z-得点	-0.67	0	0.67

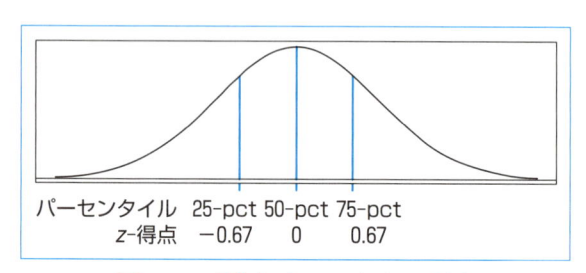

図7-2 z 得点とパーセンタイルの対応

7.2 四分位範囲と箱ヒゲ図

第1四分位数（25パーセンタイル）と，第3四分位数（75パーセンタイル）の間には，全体の中央50%のデータが存在することになります。半数の生徒がこの範囲の値をとっているので，第1四分位数と第3四分位数の差を，散布度の一指標として利用することができます。この指標は四分位範囲（quartile range）といって，以下の式で求めます。

$$四分位範囲 = 第3四分位数 - 第1四分位数$$

7.1 節の身長の例では，第1四分位数は 164.1，第3四分位数は 172.3 だったので，四分位範囲は以下のようになります。

$$8.2 = 172.3 - 164.1$$

[*10] 四分位数の求め方にはさまざまな方法があり，方法間で結果が違います。

中央値を代表値として報告する場合は，平均偏差と同様に，この四分位範囲を利用することができます。

四分位数を利用して分布の情報を効率的に図示する方法が，**箱ヒゲ図（boxplot）** です。図7-3 は，誠信高校夜間部の1年生と2年生の生徒計100人から得られた，身長に関する箱ヒゲ図と，対応するヒストグラムです。

上部の箱ヒゲ図の「箱」に注目してください。この箱の横幅は四分位範囲になっており，横幅の始点は第1四分位数，終点は第3四分位数に対応しています。したがって，この箱の範囲に，全データの50％が存在すると解釈できます。なお，箱内の垂直線は中央値を表現しています。

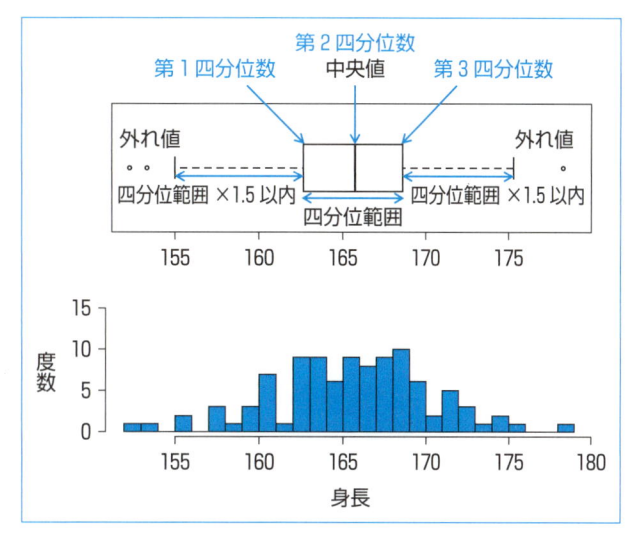

図7-3 箱ヒゲ図とヒストグラムの対応

この箱を中心として，左右に破線が伸びています。これが「ヒゲ」です。ヒゲの長さを決定するルールには，さまざまなものがあります。代表的なものとして，箱の両端から四分位範囲×1.5 の点を上限（下限）とし，それ以内に存在するデータの最大値（最小値）まで，ヒゲを短くカットするというルールがあります。箱の両端から四分位範囲×1.5 の点よりも上（あるいは下）にデータが位置している場合，これらは外れ値と見なされ，図中では丸い点として描かれます。

図7-3 では，第1四分位数は162.609 cm，第3四分位数は168.621 cm でした。四分位範囲は 6.012（＝168.621－162.609）です。これから，ヒゲを伸ばせる限度は以下のようになります。

$$\text{上側} = 168.621 + (6.012 \times 1.5) = 177.639 \text{ cm}$$
$$\text{下側} = 162.609 - (6.012 \times 1.5) = 153.591 \text{ cm}$$

実際には，この値ぴったりのデータが存在することはまれで，その値に一番近い点までヒゲはカットされます。図7-3 のヒゲは，下限 153.591 cm に一番近いデータは 155.012 cm であることから，その部分まで「ヒゲ」がカットされていることがわかります（同様に上限に一番近いデータは 175.295 cm）。また，箱ヒゲ図上には3つの外れ値が描かれていますが，これは上述のヒゲを伸ばせる限度を超えているため，外れ値扱いされています。箱ヒゲ図は，ヒストグラムの情報を簡潔にまとめていることがわかります。

7.3 歪度と尖度

量的変数の分布を要約する方法として、代表値と散布度があることは第2章で学んだとおりですが、その他に、**歪度（skewness）**と**尖度（kurtosis）**という指標があります。歪度は分布の非対称性を、尖度は分布の鋭さを表現する指標です。

7.3.1 歪度

第2章で登場した、誠信高校夜間部2年生のビッグファイブ「情緒不安定性」のヒストグラムを、図7-4に掲載します。この分布は、右に裾が重く左右対称性ではありません。そこで、歪度を求めて非対称性を確認します。歪度は、以下の式で求めることができます[*11]。

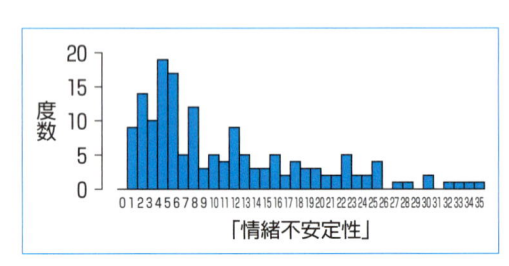

図7-4 「情緒不安定性」のヒストグラム

> 歪度 ＝ 偏差の3乗の平均 ÷ 標準偏差の3乗

「情緒不安定性」の尺度得点について歪度を求めると、次のようになりました。

> 1.071 ＝ 598.004 ÷ 558.185

正規分布のようにデータが平均を中心に左右対称に分布しているとき、歪度は0となります。また、分布の右裾が重くなるにつれて、歪度は正に大きな値をとります。同様に、分布の左裾が重くなるにつれて、歪度は負に大きな値をとります。1.071という値から、右裾が重い分布であることがうかがえます。

7.3.2 尖度

分布の鋭さを表現する尖度は、以下の式で求めることができます[*12]。

> 尖度 ＝ 偏差の4乗の平均 ÷ 標準偏差の4乗 － 3

先のデータを上記に当てはめると、尖度は－0.307になりました。正規分布の場合、その平

[*11・12] これらの式は、母集団の尖度と歪度に対して不偏性がありません。

均や標準偏差がどのような値であっても，尖度は必ず0となります。

尖度が0よりも大きければ，正規分布と比較して，分布のピークが鋭く，裾野が長く太いという傾向があります。逆に0よりも小さければ，分布のピークが平坦で，裾野が短く細いという傾向があります。

図7-5では，ブルーの実線の分布が標準正規分布を，ブラックの実線の分布が尖度1.5で，平均＝0，$SD=1$の分布をそれぞれ示しています。ブラックの実線の分布を，仮に「非正規分布」と呼ぶことにします。2つの分布を比較すると，非正規分布のほうが，ピークが鋭く，裾野が長く太いという傾向があります。なお，両分布ともに平均と標準偏差は同一です。

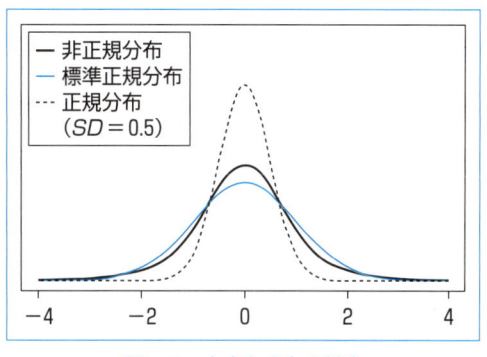

図7-5 尖度と分布の対応

一般に，分布の形状から尖度を判断することは難しいです。たとえば，図7-5の破線の分布は，平均＝0，$SD=0.5$の正規分布です。正規分布ですから尖度は0であり，この非正規分布よりも小さい値になっています。しかし，視覚的には破線の正規分布が最も尖度が高いように見えてしまいます。視覚に頼った結果，誤った考察をしないように注意する必要があります。

7.4 偏相関係数

第4章で学んだように，第3の変数の影響が疑われる場合には，その影響を排除した相関係数を示す必要があります。そのためには，偏相関係数を求める必要があります。ここでは偏相関係数の計算法について解説します。

第4章の例を用いて説明しましょう。「抑うつ」と「責任」間の相関について考察したいとします。しかし「年齢」は，「抑うつ」と「責任」の両変数に影響している，つまり第3の変数である可能性が高いので，「年齢」の影響が入らないように工夫して，「抑うつ」と「責任」間の相関係数を考察しようと思います。「抑うつ」を「X」，「責任」を「Y」，「年齢」を「Z」とするとき，次の偏相関係数の式を利用することができます。

$$\text{XYの偏相関係数} = \frac{\text{XYの相関係数} - (\text{XZの相関係数}) \times (\text{YZの相関係数})}{\sqrt{1-(\text{XZの相関係数})^2} \times \sqrt{1-(\text{YZの相関係数})^2}}$$

式からも明らかなように，偏相関係数を求めるためには3変数間の相関係数のみが必要です。図7-6には「抑うつ」「責任」「年齢」の3変数間の相関係数が記載されています。これらの

値を利用して，「抑うつ」と「責任」の偏相関係数を求めると，以下のようになります。

$$\frac{0.348 - 0.417 \times 0.779}{\sqrt{1-0.417^2} \times \sqrt{1-0.779^2}} = 0.041$$

他の変数のペアについても偏相関係数を求め，その結果を図示したものが，図7-7です。図7-6とは異なり偏相関係数を表しているので，たとえば「抑うつ」と「年齢」間の0.248という相関係数は，「責任」の影響を排除したうえでの相関係数，として解釈することができます。

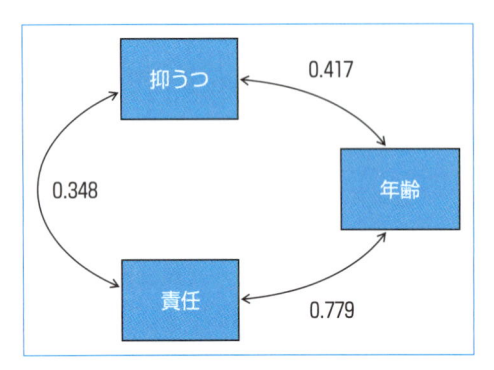

図7-6　3変数間の相関係数（両方向の矢印は相関） 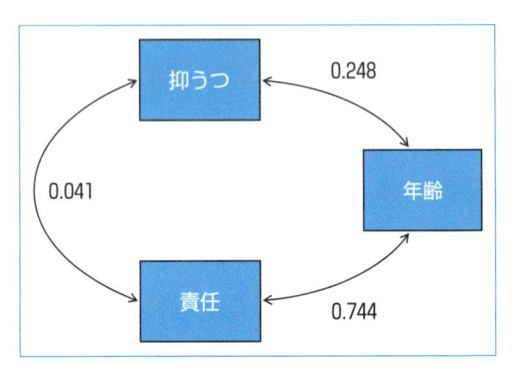　　　図7-7　変数間の偏相関係数（両方向の矢印は偏相関）

7.5　連関係数

第4章で学んだように，クロス集計表を用いることで，2つの質的変数の連関の有無について考察することができます。具体的には，「行方向の割合の分布が，行によって変動するか」という情報から，連関の有無について考察することができました。これは割合の目視に基づく判断なので，クロス集計表の行数と列数が大きくなるにしたがって，考察が難しくなっていきます。このようなとき，相関係数のように，単一の指標で2変数の連関について考察できれば大変便利です。本節で解説する**連関係数（coefficient of association）**とは，まさにそのようなニーズに応える指標です。

7.5.1　期待度数

第4章で利用した，「ソーシャルサポート」と「職務満足」に関するクロス集計表（表4-8）を例に説明しましょう。連関係数とは，2変数が無連関のときに期待される観測度数と，実際の観測度数とのズレを指標化したものです。この指標の算出の過程で特に重要なのが，「2変数が無連関のときに期待される観測度数」であり，単に**期待度数（expected frequency）**ともいいます。はじめにこの期待度数を求めます。

期待度数を求めるためには，表7-1のクロス集計表にあるように，周辺度数が必要になります。周辺度数とは，各行，各列での観測度数の合計です。表中では，A，B，C，Dが周辺度数になります。また，Tは観測度数の総和（人数に一致）です。

周辺度数を求めたら，表7-2の数式を利用して期待度数を計算します。たとえば，「サポートあり」で「満足している」の期待度数E1は，「サポートあり」の周辺度数Aと，「満足している」の周辺度数Cの積を，観測度数の総和Tで割った数になっています。他の条件についても，同様の手続きで期待度数を求めます。

表4-8のデータの数値をもとに期待度数を求めた結果を，表7-3に示します。表7-3は，「2変数が無連関のときに期待される観測度数」で構成されているはずですが，本当でしょうか。

表7-1　観測度数（O1-O4）と周辺度数

	満足している	満足していない	周辺度数
サポートあり	O1 (258)	O2 (240)	O1+O2 = A (498)
サポートなし	O3 (176)	O4 (326)	O3+O4 = B (502)
周辺度数	O1+O3 = C (434)	O2+O4 = D (566)	O1+O2+O3+O4 = T (1000)

表7-2　期待度数（E1-E4）の算出法

	満足している	満足していない
サポートあり	E1 = A×C÷T	E2 = A×D÷T
サポートなし	E3 = B×C÷T	E4 = B×D÷T

表7-3　表4-8の期待度数

	満足している	満足していない
サポートあり	498×434÷1000 = 216.132	498×566÷1000 = 281.868
サポートなし	502×434÷1000 = 217.868	502×566÷1000 = 284.132

表7-4　期待度数の行方向の割合

	満足している	満足していない
サポートあり	0.434	0.566
サポートなし	0.434	0.566

行方向の割合の分布を求めると，表7-4になります。「職務満足」の割合の分布は，「ソーシャルサポート」の有無にかかわらず一定です。つまり，たしかに無連関が成り立っています。

7.5.2　χ^2値

期待度数を求めたら，実際に得られた観測度数との「ズレ」を指標化します。この「ズレの指標」の作り方は，さまざまなものを考えることができますが，ここでは次の**χ^2値（chi-squared value）**を利用します。

$$\chi^2 \text{値} = \frac{(O1-E1)^2}{E1} + \frac{(O2-E2)^2}{E2} + \frac{(O3-E3)^2}{E3} + \frac{(O4-E4)^2}{E4}$$

たとえば，「サポートあり」で「職務満足している」人の観測度数はO1で，対応する期待度

数は E1 です。このズレは，上記の式のとおり，(O1－E1)²÷E1 で表されます。その他の 3 条件についても同様にズレを計算し，それらのズレの総和が χ^2 値です。

表 4-8 の観測度数と表 7-3 の期待度数を利用して χ^2 値を求めると，以下のようになります。

$$\frac{(258-216.132)^2}{216.132} + \frac{(240-281.868)^2}{281.868} + \frac{(176-217.868)^2}{217.868}$$
$$+ \frac{(326-284.132)^2}{284.132} = 28.545$$

χ^2 値は無連関のときに 0 となる指標です。今回，χ^2 値は 28.545 と 0 よりも大きな値となっているので，少なくとも無連関である可能性は低いと解釈できます。

7.5.3 クラメールの連関係数

χ^2 値を利用することで，行数と列数が多い，大きなクロス集計表でも，連関の有無を単一の指標で要約することが可能になります。これは大変便利です。しかし，χ^2 値には，連関の実態にかかわらず，「データの総数」に依存するという使い難さがあります。たとえば，データの総数が大きいほど，χ^2 値は大きくなってしまいます。この問題を回避する指標として，**クラメールの連関係数（Cramer's coefficient of association：V）** があります。クラメールの連関係数 V は，データの総数にかかわらず 0～1 の区間内に収まり，0 に近いほど無連関を，1 に近いほど完全な連関を意味します。定義式は以下のようになります。

$$V = \sqrt{\frac{\chi^2 \text{値}}{(\text{行数と列数で小さいほう}-1) \times \text{標本サイズ}}}$$

分母の「行数」「列数」とは，クロス集計表の行数と列数を意味しています。先に求めた表 4-8 の χ^2 値は 28.545 でした。また，行数と列数はともに 2 です。標本サイズは 1000 ですから，上の式に当てはめると以下の値になります。

$$V = \sqrt{28.545 \div 1000} = 0.169$$

クラメールの連関係数の上限は 1，下限は 0 ですから，連関の程度はあまり強くないようです。

表 7-5 と表 7-6 を見てください。2 つの表はそれぞれ，完全な連関を示すクロス集計表です。2 つのクロス集計表でクラメー

表 7-5 完全な連関 1

	b1	b2
a1	0	100
a2	100	0

表 7-6 完全な連関 2

	b1	b2
a1	100	0
a2	0	100

ルの V を計算すると，どのような結果になるでしょうか。当然，2つの表で $V = 1$ となります。

第4章で学んだ相関係数には相関の正負で符号が変化しました。これに対して，連関には正負の概念が存在しないので，2つの表には同一の連関係数が与えられます。

7.6 相関と連関の検定

第6章では未知の母平均が特定の値と異なるかについて，1つの平均値の z 検定，1つの平均値の t 検定によって推測する方法を学びました。「母平均に差があるか」は，心理学研究において特に関心がもたれやすいですが，それと同等に「母集団における相関係数や連関係数は0でないのか」という点も，分析上の興味として頻繁に取り上げられます。

7.6.1 相関係数の検定

4.4節では，「誠信商事」の8人の社員の「年齢」と「抑うつ」との相関係数を求めました。相関係数は 0.584 となっています。この8人を母集団とするならば，0.584 という相関係数に基づき，「年齢」と「抑うつ」には正の相関があるといえます。

では，この結論が日本人の就労者の全員に当てはまるかについて推測したいと思います。当然，8人のデータから得られた結論が就労者全員に当てはまると主張することは難しいです。たまたまこの8人において正の相関が確認されただけで，母集団の相関係数は0かもしれません。

就労者を母集団とし，この8人を，母集団からの無作為抽出された標本（$n = 8$）であると仮定します。就労者全員からデータを収集すれば母集団における相関係数，すなわち母相関係数を求めることができます。しかし，手元にあるのは8人の標本相関係数 0.584 のみです。そこで，この標本相関係数を利用して，母集団における相関係数が少なくとも0ではない，という結論を客観的に導きたいと思います[*13]。

このニーズに応えるのが，**相関係数の検定**です。この検定では以下のような仮説を立てます。

> 帰無仮説：母相関係数は0
> 対立仮説：母相関係数は0でない

この仮説を検定するために，以下の t 値を算出します。

[*13] この標本相関係数を母相関係数の推定値とすることもできます。厳密にいえば，標本相関係数は母相関係数に対して不偏性がありませんが，実際の研究論文では，標本相関係数を母相関係数の推定値として報告することが多いようです。

$$t = \frac{\text{標本相関係数} \times \sqrt{\text{標本サイズ} - 2}}{\sqrt{1 - \text{標本相関係数}^2}}$$

1つの平均値の z 検定や t 検定では，帰無仮説が正しいときに標本平均を z 得点や t 値に変換すると，その標本分布は標準正規分布や t 分布になるということを学びました。その説明での原理と同じように，母相関係数が0という帰無仮説が正しいときには，標本相関係数を上の式によって t 値に変換すると，その標本分布（帰無分布）は t 分布になります。この分布の自由度は，次で求められます。

$$\text{自由度} = \text{標本サイズ} - 2$$

8人の社員のデータから t 値を求めると，以下のようになりました。

$$t = \frac{0.584 \times \sqrt{8-2}}{\sqrt{1 - 0.584^2}} = 1.762$$

対立仮説は「母相関係数は0でない」ですから，両側検定を採用します（母相関係数＞0または母相関係数＜0のどちらでもよい）。有意水準を5％としたうえで，巻末付録の2「t 分布表」で対応する臨界値を調べると，2.447でした。t 値は1.762ですから臨界値未満であり，検定結果は有意ではありませんでした。

つまり，標本相関係数は0.584となっていますが，母相関係数が0であるという可能性も捨てきれません。この8人のデータから求められた相関係数に基づいて，就労者全体に結論を一般化するのは控えたほうがよいでしょう。

7.6.2　連関係数の検定 ── χ^2 検定

7.5.2項では，質的変数間の連関の指標として，χ^2 値を解説しました。「誠信商事」の1,000人の従業員における「ソーシャルサポート」と「職務満足」の χ^2 値は，28.545でした。χ^2 値は0が無連関を意味するので，この1,000人のデータにおいては，「ソーシャルサポート」と「職務満足」には一定の連関があると解釈できます。

ここで，7.6.1項の相関係数の検定と同じように，就労者全員を母集団とした場合に，母集団における「ソーシャルサポート」と「職務満足」の連関が0でない，という結論を客観的に導きたいと思います。具体的には，**χ^2 検定（chi-squared test）**という方法を利用します。相関係数の検定では t 値を利用していますが，この連関係数の検定では連関係数である χ^2 値を利用します。

検定の前提として，この1,000人の社員が，母集団から無作為に抽出された標本（$n=1000$）であることが求められます。χ^2検定では，以下のような仮説を立てます。

> 帰無仮説：母集団での連関は0
> 対立仮説：母集団での連関は0でない

この仮説を検定するためには，7.5.2項で解説したχ^2値の式を利用します。今回の検定では，χ^2値は28.545になっています。

このχ^2値の標本分布は，第5章でふれた**χ^2分布**になります。図7-8は4つのχ^2分布を描画したものです。t分布同様に，χ^2分布も1つの自由度によって形状が決まります。

クロス集計表のχ^2検定の場合，この分布の自由度は，以下の式で求めることができます。

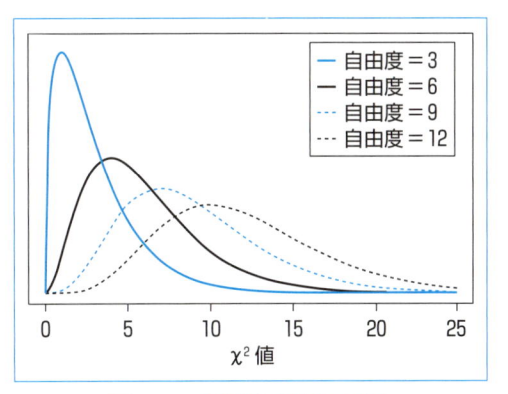

図7-8 χ^2分布と自由度の対応

> 自由度 ＝（クロス集計表の行数 － 1）×（クロス集計表の列数 － 1）

表7-1からわかるように，この例のクロス集計表は，ソーシャルサポートの有無で2行，満足感の有無で2列ですから，自由度＝(2−1)×(2−1)＝1となります。

再び図7-8を見てください。この分布は下限が0になっています。観測度数と期待度数のズレの分布ですが，ズレの方向によらず，0よりも大きなχ^2値が得られることになります。帰無仮説はこのズレが母集団で0であり，対立仮説は母集団において0でないということですから，対立仮説を主張するための証拠とは，0よりも十分に大きいχ^2値になります。以上の理由で，χ^2検定では分布の右側だけに注目し，常に片側検定を行います。図7-9は自由度3のχ^2分布における片側検定，有意水準5％における臨界値です。図7-9のように分布の右側

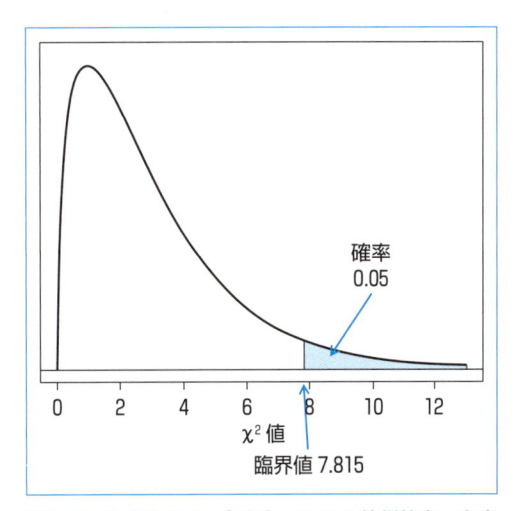

図7-9 自由度3のχ^2分布における片側検定，有意水準5％の棄却域

に注目していることがわかります。

検定のためには，巻末付録の3「χ^2 分布表」を利用します。表 7-7 はその抜粋となっています。たとえば，自由度 1 の χ^2 分布で，片側検定，有意水準 5% の検定を行う場合には，自由度が 1 の行と，有意水準が 5% の列がクロスしている部分の数値を臨界値として利用します。この場合，臨界値は 3.841 となります。

表 7-7　χ^2 分布表の抜粋

自由度	有意水準		
	1%	5%	10%
1	6.635	3.841	2.706
2	9.210	5.991	4.605
3	11.345	7.815	6.251
4	13.277	9.488	7.779
5	15.083	11.070	9.236
6	16.812	12.592	10.645

さて，誠信商事のデータで計算された χ^2 値は 28.545 でした。クロス集計表の自由度は 1 でしたから，先ほど求めたように，有意水準 5% での臨界値は 3.841 となります。手元のデータの χ^2 値は臨界値を上回っているので，検定結果は有意となります。就労者で構成される母集団において χ^2 値は 0（連関がない）という帰無仮説が成り立つ可能性は低く，一定の連関が存在することが示唆されました。

7.7　比率を推定する

第 5 章では，標本平均から母平均を妥当に推測できることを学びました。その推定誤差は，標準誤差によって評価できました。実際の心理学研究では母平均ではなく，母集団での比率の推測に関心がある場合もあります。比率とは，男女比率や，支持政党の比率のように，質的変数のカテゴリの割合を意味しています。母集団での比率を**母比率（population ratio）**と呼びます。それに対して，標本での比率を**標本比率（sample ratio）**と呼びます。

7.7.1　標本比率

第 5 章で登場した KSAT を利用し，60 人の子どもの発達状況について診断したところ，全体の 8.3% にあたる 5 人の発達が著しく早いことがわかりました。この子どもたちを「発達加速群」と呼ぶことにします。「発達加速群」の比率 0.083 は母集団から抽出された標本の比率ですが，この標本比率には，母比率に対して不偏性があることが知られています。したがって，発達加速群の母比率も 0.083 付近の値であるだろうと予想できます。

7.7.2　標本比率の標準誤差

標本平均の推定誤差を評価するためには，標準誤差を利用することができました。標本比率によって母比率を推定する場合は，**標本比率の標準誤差**が利用できます。この式は以下のようなものです。

$$\text{標本比率の標準誤差} = \sqrt{\frac{\text{標本比率} \times (1 - \text{標本比率})}{\text{標本サイズ}}}$$

では，この例の標準誤差を求めると，以下の値となります。

$$0.036 = \sqrt{\frac{0.083 \times (1 - 0.083)}{60}}$$

発達加速群の母比率が0.05であったとすると，推定の平均的な誤差は0.05±0.036の範囲に収まる，と解釈できます。推定誤差が小数点以下第2位での変動なので，高い精度で母比率を推定できていることがうかがえます。

図7-10は，この60人の抽出元である母集団の母比率です。発達加速群の母比率は0.05で，標準誤差が示すように，標本比率（0.083）の推定精度が高いことがわかります。

標本比率の標準誤差には，特別な性質があります。図7-11に，3つの標本サイズ（$n = 100$, 1000, 10000）の，標本比率と標準誤差の関係を示しました。標本サイズが大きくなるほど，標本比率にかかわらず標準誤差が小さくなる傾向があります。これは直感的に納得いくものだと思います。注目すべきは，標本比率が0.5の部分で曲線がピークを迎えることです。標本サイズを一定にした状況ならば，標本比率が0.5のとき推定精度は最大になります。

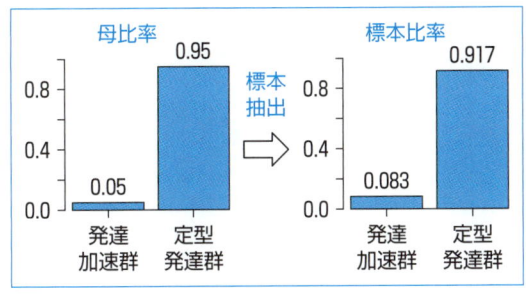

図7-10　母比率と標本比率

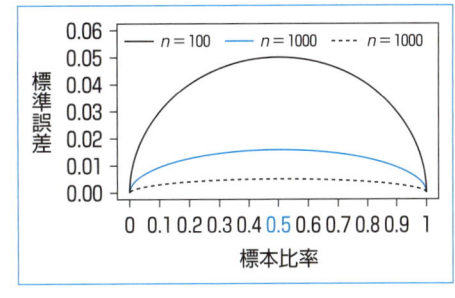

図7-11　標本比率と標準誤差の関係

7.8 母平均の区間推定

標本平均から母平均を推定する方法には，**点推定（point estimation）** と **区間推定（interval estimation）** の2種類があります。点推定とは，第5章で学んだように，標本平均の不偏性を利用して，母平均の値を1つの値で推測するものです。点推定では，1つの値が得られるというわかりやすさがある反面，標本による誤差が伴っていますから，本当に標本平均そのものを

母平均とみなしてよいか不安が残ります。これに対して区間推定では，たとえば，「10～12点の間に母平均が入っている」というように，一定の幅をもたせて母平均を推定します。点推定と同様に，区間推定も研究論文で頻繁に使用されています。

7.8.1　標本平均が出現する確率

順を追って説明しましょう。最初に図7-12を見てください。これは第5章の図5-8の ⓓ の再掲です。これは標本平均の標本分布なので，平均＝25は母平均に一致しています。また，標準誤差は，10（母標準偏差）÷10（n の平方根）＝1となっています。標本平均の標本分布は正規分布である，ということも思い出してください。

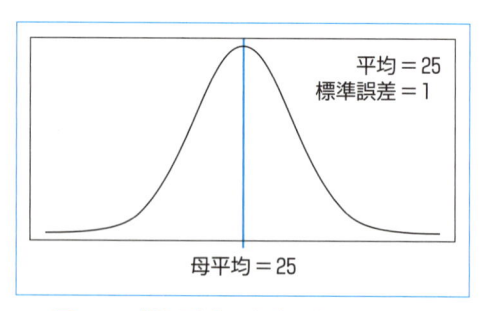

図7-12　「論理力」の標本平均の標本分布

第3章で学んだように，正規分布する変数を標準化すると，その分布は標準正規分布になります。図7-10の変数（横軸）は標本平均です。したがって，標本平均を標準化して z 得点を求めると，以下のようになります。

$$z = \frac{標本平均 - 母平均}{標準誤差} = \frac{標本平均 - 25}{1}$$

図7-13は，上の式の変換を経て，標準正規分布となった標本分布です。0 の垂直線の部分が図7-12の平均＝25を意味しています。

第6章で学んだように，標準正規分布で，-1.96 以下，または，1.96 以上の値が出現する確率は5％です。したがって，-1.96～$+1.96$ の間の z が得られる確率は，95％になります。

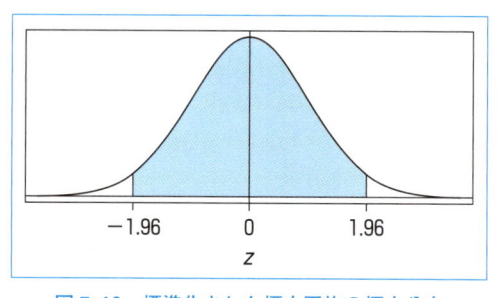

図7-13　標準化された標本平均の標本分布

図7-13のブルーの面積は0.95となっています。この区間には，標準化された母平均0が含まれています。つまり，この区間（-1.96～$+1.96$）には，95％の確率で母平均が含まれていることになります。

7.8.2　95％信頼区間

図7-14の①式を見てください。この式は，カッコ内の区間で z が出現する確率を表現しています。ここでは，「z が ±1.96 の範囲内に入る確率」を意味していて，その確率は95％とな

> ① 式
> 　確率$(-1.96 \leq z \leq 1.96) = 0.95$
>
> ② 式（① 式の z を標準化の式で表現したもの）
> 　確率$\left(-1.96 \leq \dfrac{標本平均 - 母平均}{標準誤差} \leq 1.96\right) = 0.95$
>
> 　　②-A 式：② 式の左側の不等式
> 　　　　標本平均 $+ 1.96 \times$ 標準誤差 $\geq$ 母平均
> 　　②-B 式：② 式の右側の不等式
> 　　　　標本平均 $- 1.96 \times$ 標準誤差 $\leq$ 母平均
>
> ③ 式
> 　確率(標本平均 $- 1.96 \times$ 標準誤差 $\leq$ 母平均 $\leq$ 標本平均 $+ 1.96 \times$ 標準誤差) $= 0.95$

図 7-14　信頼区間の求め方

っています。

7.8.1 項で説明したように，z は標本平均を標準化したものですから，① 式は ② 式のように表すことができます。この式では，母平均と標準誤差は定数であり，標本平均は変数であることに注意してください。標本平均は標本によって変化する可能性があります。

② 式には 2 つの不等式が含まれています。左側の不等式と右側の不等式は，②-A 式，②-B 式のように変換することができます。変換の結果得られるのが ③ 式です。

③ 式のカッコ内を見てください。母平均を中心に左右対称に広がる区間になっています。これを**母平均の 95％ 信頼区間（95% confidence interval for population mean）**と呼びます。母平均と標準誤差は定数ですが，標本平均は標本によって変化する変数です。標本平均が変化すると信頼区間も変化します。たとえば，標本 1 の標本平均が 26，標本 2 の標本平均が 18，標本 3 の標本平均が 24 だったとします。母平均は 25，標準誤差は 1 ですから，各標本に対応する母平均の信頼区間は，以下のようになります。

> $26 - 1.96 \times 1 \leq$ 母平均 $\leq 26 + 1.96 \times 1$ 　⇒　 $24.04 \leq$ 母平均 ≤ 27.96
>
> $18 - 1.96 \times 1 \leq$ 母平均 $\leq 18 + 1.96 \times 1$ 　⇒　 $16.04 \leq$ 母平均 ≤ 19.96
>
> $24 - 1.96 \times 1 \leq$ 母平均 $\leq 24 + 1.96 \times 1$ 　⇒　 $22.04 \leq$ 母平均 ≤ 25.96

標本分布は無数の標本平均で構成される分布ですから，上の信頼区間も 3 つに限らず無数に存在します。つまり ③ 式のカッコ内の区間は，特定の標本の信頼区間を意味しているのではありません。繰り返しになりますが，標本によって標本平均は変動し，そしてそれに合わせて信頼区間も変動します。

③ 式は，標本変動によって変化する信頼区間が，母平均を含む確率を表現しています。つまり，標本が抽出されるとそのたびに異なる標本平均が得られ，そのたびに異なる信頼区間が構

成されますが，それら「無数に構成される信頼区間のうち，その95％が母平均を含む」ということを意味しています。「1つの標本で構成される特定の信頼区間が，95％の確率で母平均を含む」と誤解しやすいので注意してください。

また，**99％信頼区間（99% confidence interval）** を定義する場合には，1.96ではなく2.58を利用します（6.8節を参照）。

7.8.3 信頼区間の解釈

第5章で説明したKSATの「論理力」検査を，50個の標本に実施し，その都度，95％信頼区間を求めました。各標本の標本サイズは100で一定とします。

図7-15には，各標本の信頼区間が描かれています。各信頼区間は母平均25を中心に，上下にバラついていることがわかります。この図からも明らかですが，各標本で求められた信頼区間に母平均は含まれるか，含まれないかのどちらかしかありません。95％信頼区間なので，50×0.05＝2.5≒3個程度は，母平均を含んでいない可能性があります。図7-13では，母平均を含まない信頼区間は，ブルーの実線で表されています。実線は3本で，この信頼区間が95％信頼区間であることが理解できます。

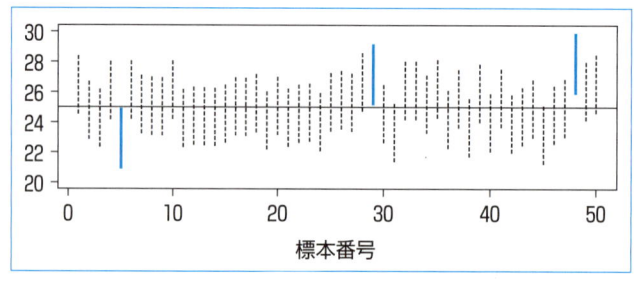

図 7-15　標本サイズ 100 の信頼区間

図7-16に，標本サイズを10000に増やした場合の，95％信頼区間を描画しました。母平均と母分散は図7-13の設定と同様です。両図を比較すると，標本サイズが大きければ信頼区間は狭くなることがわかります。

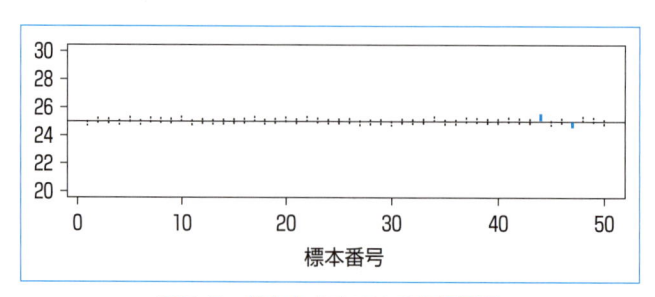

図 7-16　標本サイズ 1000 の信頼区間

5.6.4 項で学んだように，標本サイズが大きくなるにつれ，標準誤差は小さくなります。さらに，標準誤差が小さくなると，7.8.2 項の ③ 式からもわかるように，信頼区間は狭くなります。

信頼区間が狭いということは，母平均に対してより精度の高い推測を行っていることになります。「23～25 の間に母平均がある」という推測と，「24.99～25.001 の間に母平均がある」という推測では，後者の推測精度のほうが高いです。

7.8.4 母標準偏差が未知のときの信頼区間

ここまでは，母平均と標準誤差が一定であるとして，話を進めてきました。標準誤差が一定であるということは，母標準偏差が既知ということです。しかし，通常，母標準偏差は未知なので，標準誤差も求めることができません。そこで，特定の標本から信頼区間を求める場合には，5.8 節で説明した標準誤差の推定値を利用して信頼区間を求めます。5.8 節から，KSAT 基準集団での「論理力」の標本平均は 25.3，標準誤差の推定値は 1.02 です。

第 6 章で解説したように，不偏分散の平方根を利用した z 得点は，t 値と呼ばれます。その分布は標準正規分布ではなく，t 分布になりました。標本サイズは 100 なので，自由度 99（= 100 − 1）の t 分布で 95％ のデータが出現する範囲は，巻末付録の 2「t 分布表」より，−1.984～+1.984 になります（自由度 99 がないので自由度 100 の臨界値を代用しています）。この値を利用して 95％ 信頼区間を求めると次のようになります。

$$25.3 - 1.984 \times 1.02 \leq 母平均 \leq 25.3 + 1.984 \times 1.02$$
$$\Rightarrow 23.276 \leq 母平均 \leq 27.324$$

標準誤差の推定値を利用している点で，この信頼区間もまた，推定されたものであることに

質問コーナー

母平均の点推定と区間推定の差がいまひとつわかりません。

点推定とは母数そのものを推測する方法です。一方，区間推定とは，信頼区間を求めて，その区間には母平均が入っている，というような推測を行う方法です。

点推定では数値を推測するので，得られる結果は第 6 章で述べたような量的結果になります。一方，区間推定で得られる結果は，「その区間に母平均が入っている」という質的結果になります。これは「母集団平均の間に差がある」という，検定における推測結果と似ています。ただし，区間推定が検定と異なるのは，算出された信頼区間は具体的な数値として与えられており，量的結果の側面ももち合わせているという点です。したがって，区間推定の結果に含まれる情報量は，点推定や，検定の結果よりも大きくなる傾向があります。それゆえに，点推定や検定と比較して，最初は使いにくい方法に思われるかもしれませんね。

注意してください。

　点推定の結果は 25.3 でしたが，区間推定の結果は，「23.276〜27.324」の範囲に母平均が含まれる，と解釈します。ただし，同様に標本を抽出し，そのつど信頼区間を求めると，その 95% は母平均を含んでいるという前提をつけて解釈します。

【文献】

南風原朝和（2002）．心理統計学の基礎──統合的理解のために．有斐閣

Joanes, D. N. & Gill, C. A. (1998). Comparing measures of sample skewness and kurtosis. *The Statistician*, **47**, 183-189.

森敏昭・吉田寿夫編著（1990）．心理学のためのデータ解析テクニカルブック．北大路書房

大久保街亜・岡田謙介（2012）．伝えるための心理統計──効果量・信頼区間・検定力．勁草書房

豊田秀樹（1998）．調査法講義．朝倉書店

山田剛史・村井潤一郎（2004）．よくわかる心理統計．ミネルヴァ書房

吉田寿夫（1998）．本当にわかりやすいごく大切なことが書いてあるごく初歩の統計の本．北大路書房

Quiz

理解できたかチェックしてみよう！

問1：以下の10人の身長データについて，（あ）第1四分位数，（い）第2四分位数，（う）第3四分位数，（え）四分位範囲 を答えてください。

$$140\,\mathrm{cm},\ 160\,\mathrm{cm},\ 162\,\mathrm{cm},\ 170\,\mathrm{cm},\ 172\,\mathrm{cm},$$
$$173\,\mathrm{cm},\ 180\,\mathrm{cm},\ 181\,\mathrm{cm},\ 182\,\mathrm{cm},\ 190\,\mathrm{cm}$$

問2：箱ヒゲ図の「ヒゲ」の長さについて，上限を決めるルール（本章で解説したもの）の説明として，正しいものを1つ選んでください。

A. 第1四分位数＋四分位範囲 ×1.5
B. 第2四分位数＋四分位範囲 ×1.5
C. 第3四分位数＋四分位範囲 ×1.5
D. 第4四分位数＋四分位範囲 ×1.5

問3：歪度が負に大きい場合の分布の形状に関する説明として，正しいものを1つ選んでください。

A. 分布は右に裾が重い
B. 分布は左に裾が重い
C. 分布は両方向に裾が重くピークの形状は鋭い

問4：表1のクロス集計表について，（あ）χ^2値と，（い）クラメールの連関係数を求めてください。

表1：「ソーシャルサポート」と「職務満足度」のクロス集計表

	満足している	満足していない
サポートあり	30	40
サポートなし	10	20

問5：標本比率 0.2 で，標本サイズが 250 の状況で母比率を推定する場合，標準誤差はいくつになるか答えてください。

問6：標本平均50，不偏分散25，標本サイズ100の状況で，母平均を区間推定したいと思います。母平均に関する95％信頼区間を求めてください。

問7：特定の標本で求められた95％信頼区間について，それが母平均を95％の確率で含むものではないことを説明してください。

付　　録

1. 標準正規分布表

2. t 分布表

3. χ^2 分布表（片側検定の臨界値）

4. 各章の Quiz の解答

1. 標準正規分布表

z	(A) $0 \leq Z \leq z$	(B) $Z \geq z$	z	(A) $0 \leq Z \leq z$	(B) $Z \geq z$	z	(A) $0 \leq Z \leq z$	(B) $Z \geq z$
0.00	0.0000	0.5000	0.50	0.1915	0.3085	1.00	0.3413	0.1587
0.01	0.0040	0.4960	0.51	0.1950	0.3050	1.01	0.3438	0.1562
0.02	0.0080	0.4920	0.52	0.1985	0.3015	1.02	0.3461	0.1539
0.03	0.0120	0.4880	0.53	0.2019	0.2981	1.03	0.3485	0.1515
0.04	0.0160	0.4840	0.54	0.2054	0.2946	1.04	0.3508	0.1492
0.05	0.0199	0.4801	0.55	0.2088	0.2912	1.05	0.3531	0.1469
0.06	0.0239	0.4761	0.56	0.2123	0.2877	1.06	0.3554	0.1446
0.07	0.0279	0.4721	0.57	0.2157	0.2843	1.07	0.3577	0.1423
0.08	0.0319	0.4681	0.58	0.2190	0.2810	1.08	0.3599	0.1401
0.09	0.0359	0.4641	0.59	0.2224	0.2776	1.09	0.3621	0.1379
0.10	0.0398	0.4602	0.60	0.2257	0.2743	1.10	0.3643	0.1357
0.11	0.0438	0.4562	0.61	0.2291	0.2709	1.11	0.3665	0.1335
0.12	0.0478	0.4522	0.62	0.2324	0.2676	1.12	0.3686	0.1314
0.13	0.0517	0.4483	0.63	0.2357	0.2643	1.13	0.3708	0.1292
0.14	0.0557	0.4443	0.64	0.2389	0.2611	1.14	0.3729	0.1271
0.15	0.0596	0.4404	0.65	0.2422	0.2578	1.15	0.3749	0.1251
0.16	0.0636	0.4364	0.66	0.2454	0.2546	1.16	0.3770	0.1230
0.17	0.0675	0.4325	0.67	0.2486	0.2514	1.17	0.3790	0.1210
0.18	0.0714	0.4286	0.68	0.2517	0.2483	1.18	0.3810	0.1190
0.19	0.0753	0.4247	0.69	0.2549	0.2451	1.19	0.3830	0.1170
0.20	0.0793	0.4207	0.70	0.2580	0.2420	1.20	0.3849	0.1151
0.21	0.0832	0.4168	0.71	0.2611	0.2389	1.21	0.3869	0.1131
0.22	0.0871	0.4129	0.72	0.2642	0.2358	1.22	0.3888	0.1112
0.23	0.0910	0.4090	0.73	0.2673	0.2327	1.23	0.3907	0.1093
0.24	0.0948	0.4052	0.74	0.2704	0.2296	1.24	0.3925	0.1075
0.25	0.0987	0.4013	0.75	0.2734	0.2266	1.25	0.3944	0.1056
0.26	0.1026	0.3974	0.76	0.2764	0.2236	1.26	0.3962	0.1038
0.27	0.1064	0.3936	0.77	0.2794	0.2206	1.27	0.3980	0.1020
0.28	0.1103	0.3897	0.78	0.2823	0.2177	1.28	0.3997	0.1003
0.29	0.1141	0.3859	0.79	0.2852	0.2148	1.29	0.4015	0.0985
0.30	0.1179	0.3821	0.80	0.2881	0.2119	1.30	0.4032	0.0968
0.31	0.1217	0.3783	0.81	0.2910	0.2090	1.31	0.4049	0.0951
0.32	0.1255	0.3745	0.82	0.2939	0.2061	1.32	0.4066	0.0934
0.33	0.1293	0.3707	0.83	0.2967	0.2033	1.33	0.4082	0.0918
0.34	0.1331	0.3669	0.84	0.2995	0.2005	1.34	0.4099	0.0901
0.35	0.1368	0.3632	0.85	0.3023	0.1977	1.35	0.4115	0.0885
0.36	0.1406	0.3594	0.86	0.3051	0.1949	1.36	0.4131	0.0869
0.37	0.1443	0.3557	0.87	0.3078	0.1922	1.37	0.4147	0.0853
0.38	0.1480	0.3520	0.88	0.3106	0.1894	1.38	0.4162	0.0838
0.39	0.1517	0.3483	0.89	0.3133	0.1867	1.39	0.4177	0.0823
0.40	0.1554	0.3446	0.90	0.3159	0.1841	1.40	0.4192	0.0808
0.41	0.1591	0.3409	0.91	0.3186	0.1814	1.41	0.4207	0.0793
0.42	0.1628	0.3372	0.92	0.3212	0.1788	1.42	0.4222	0.0778
0.43	0.1664	0.3336	0.93	0.3238	0.1762	1.43	0.4236	0.0764
0.44	0.1700	0.3300	0.94	0.3264	0.1736	1.44	0.4251	0.0749
0.45	0.1736	0.3264	0.95	0.3289	0.1711	1.45	0.4265	0.0735
0.46	0.1772	0.3228	0.96	0.3315	0.1685	1.46	0.4279	0.0721
0.47	0.1808	0.3192	0.97	0.3340	0.1660	1.47	0.4292	0.0708
0.48	0.1844	0.3156	0.98	0.3365	0.1635	1.48	0.4306	0.0694
0.49	0.1879	0.3121	0.99	0.3389	0.1611	1.49	0.4319	0.0681

注：本表のレイアウトは山田・村井（2004）を参考にしています。また，確率算出には統計解析環境 R の関数 pnorm を採用しています。関数 pnorm（　）で算出される確率（B）は，マニュアルを参照すると $Z > z$ で定義されていますが，Z は連続変数なので，$Z = z$ に対応する確率（面積）は定義できないことから，$Z \geq z$ で定義される確率と $Z > z$ で定義される確率は変わりません。山田・杉山・村井（2008）では，「$Z > z$」の表記を採用していますが，本書では，一貫して「$Z \geq z$」の表記を採用します。

1. 標準正規分布表（つづき）

z	(A) $0 \leq Z \leq z$	(B) $Z \geq z$	z	(A) $0 \leq Z \leq z$	(B) $Z \geq z$	z	(A) $0 \leq Z \leq z$	(B) $Z \geq z$
1.50	0.4332	0.0668	2.00	0.4772	0.0228	2.50	0.4938	0.0062
1.51	0.4345	0.0655	2.01	0.4778	0.0222	2.51	0.4940	0.0060
1.52	0.4357	0.0643	2.02	0.4783	0.0217	2.52	0.4941	0.0059
1.53	0.4370	0.0630	2.03	0.4788	0.0212	2.53	0.4943	0.0057
1.54	0.4382	0.0618	2.04	0.4793	0.0207	2.54	0.4945	0.0055
1.55	0.4394	0.0606	2.05	0.4798	0.0202	2.55	0.4946	0.0054
1.56	0.4406	0.0594	2.06	0.4803	0.0197	2.56	0.4948	0.0052
1.57	0.4418	0.0582	2.07	0.4808	0.0192	2.57	0.4949	0.0051
1.58	0.4429	0.0571	2.08	0.4812	0.0188	2.58	0.4951	0.0049
1.59	0.4441	0.0559	2.09	0.4817	0.0183	2.59	0.4952	0.0048
1.60	0.4452	0.0548	2.10	0.4821	0.0179	2.60	0.4953	0.0047
1.61	0.4463	0.0537	2.11	0.4826	0.0174	2.61	0.4955	0.0045
1.62	0.4474	0.0526	2.12	0.4830	0.0170	2.62	0.4956	0.0044
1.63	0.4484	0.0516	2.13	0.4834	0.0166	2.63	0.4957	0.0043
1.64	0.4495	0.0505	2.14	0.4838	0.0162	2.64	0.4959	0.0041
1.65	0.4505	0.0495	2.15	0.4842	0.0158	2.65	0.4960	0.0040
1.66	0.4515	0.0485	2.16	0.4846	0.0154	2.66	0.4961	0.0039
1.67	0.4525	0.0475	2.17	0.4850	0.0150	2.67	0.4962	0.0038
1.68	0.4535	0.0465	2.18	0.4854	0.0146	2.68	0.4963	0.0037
1.69	0.4545	0.0455	2.19	0.4857	0.0143	2.69	0.4964	0.0036
1.70	0.4554	0.0446	2.20	0.4861	0.0139	2.70	0.4965	0.0035
1.71	0.4564	0.0436	2.21	0.4864	0.0136	2.71	0.4966	0.0034
1.72	0.4573	0.0427	2.22	0.4868	0.0132	2.72	0.4967	0.0033
1.73	0.4582	0.0418	2.23	0.4871	0.0129	2.73	0.4968	0.0032
1.74	0.4591	0.0409	2.24	0.4875	0.0125	2.74	0.4969	0.0031
1.75	0.4599	0.0401	2.25	0.4878	0.0122	2.75	0.4970	0.0030
1.76	0.4608	0.0392	2.26	0.4881	0.0119	2.76	0.4971	0.0029
1.77	0.4616	0.0384	2.27	0.4884	0.0116	2.77	0.4972	0.0028
1.78	0.4625	0.0375	2.28	0.4887	0.0113	2.78	0.4973	0.0027
1.79	0.4633	0.0367	2.29	0.4890	0.0110	2.79	0.4974	0.0026
1.80	0.4641	0.0359	2.30	0.4893	0.0107	2.80	0.4974	0.0026
1.81	0.4649	0.0351	2.31	0.4896	0.0104	2.81	0.4975	0.0025
1.82	0.4656	0.0344	2.32	0.4898	0.0102	2.82	0.4976	0.0024
1.83	0.4664	0.0336	2.33	0.4901	0.0099	2.83	0.4977	0.0023
1.84	0.4671	0.0329	2.34	0.4904	0.0096	2.84	0.4977	0.0023
1.85	0.4678	0.0322	2.35	0.4906	0.0094	2.85	0.4978	0.0022
1.86	0.4686	0.0314	2.36	0.4909	0.0091	2.86	0.4979	0.0021
1.87	0.4693	0.0307	2.37	0.4911	0.0089	2.87	0.4979	0.0021
1.88	0.4699	0.0301	2.38	0.4913	0.0087	2.88	0.4980	0.0020
1.89	0.4706	0.0294	2.39	0.4916	0.0084	2.89	0.4981	0.0019
1.90	0.4713	0.0287	2.40	0.4918	0.0082	2.90	0.4981	0.0019
1.91	0.4719	0.0281	2.41	0.4920	0.0080	2.91	0.4982	0.0018
1.92	0.4726	0.0274	2.42	0.4922	0.0078	2.92	0.4982	0.0018
1.93	0.4732	0.0268	2.43	0.4925	0.0075	2.93	0.4983	0.0017
1.94	0.4738	0.0262	2.44	0.4927	0.0073	2.94	0.4984	0.0016
1.95	0.4744	0.0256	2.45	0.4929	0.0071	2.95	0.4984	0.0016
1.96	0.4750	0.0250	2.46	0.4931	0.0069	2.96	0.4985	0.0015
1.97	0.4756	0.0244	2.47	0.4932	0.0068	2.97	0.4985	0.0015
1.98	0.4761	0.0239	2.48	0.4934	0.0066	2.98	0.4986	0.0014
1.99	0.4767	0.0233	2.49	0.4936	0.0064	2.99	0.4986	0.0014

2. t分布表

自由度	片側検定臨界値 1%	片側検定臨界値 5%	片側検定臨界値 10%	両側検定臨界値 1%	両側検定臨界値 5%	両側検定臨界値 10%
1	31.821	6.314	3.078	63.657	12.706	6.314
2	6.965	2.920	1.886	9.925	4.303	2.920
3	4.541	2.353	1.638	5.841	3.182	2.353
4	3.747	2.132	1.533	4.604	2.776	2.132
5	3.365	2.015	1.476	4.032	2.571	2.015
6	3.143	1.943	1.440	3.707	2.447	1.943
7	2.998	1.895	1.415	3.499	2.365	1.895
8	2.896	1.860	1.397	3.355	2.306	1.860
9	2.821	1.833	1.383	3.250	2.262	1.833
10	2.764	1.812	1.372	3.169	2.228	1.812
11	2.718	1.796	1.363	3.106	2.201	1.796
12	2.681	1.782	1.356	3.055	2.179	1.782
13	2.650	1.771	1.350	3.012	2.160	1.771
14	2.624	1.761	1.345	2.977	2.145	1.761
15	2.602	1.753	1.341	2.947	2.131	1.753
16	2.583	1.746	1.337	2.921	2.120	1.746
17	2.567	1.740	1.333	2.898	2.110	1.740
18	2.552	1.734	1.330	2.878	2.101	1.734
19	2.539	1.729	1.328	2.861	2.093	1.729
20	2.528	1.725	1.325	2.845	2.086	1.725
21	2.518	1.721	1.323	2.831	2.080	1.721
22	2.508	1.717	1.321	2.819	2.074	1.717
23	2.500	1.714	1.319	2.807	2.069	1.714
24	2.492	1.711	1.318	2.797	2.064	1.711
25	2.485	1.708	1.316	2.787	2.060	1.708
26	2.479	1.706	1.315	2.779	2.056	1.706
27	2.473	1.703	1.314	2.771	2.052	1.703
28	2.467	1.701	1.313	2.763	2.048	1.701
29	2.462	1.699	1.311	2.756	2.045	1.699
30	2.457	1.697	1.310	2.750	2.042	1.697
31	2.453	1.696	1.309	2.744	2.040	1.696
32	2.449	1.694	1.309	2.738	2.037	1.694
33	2.445	1.692	1.308	2.733	2.035	1.692
34	2.441	1.691	1.307	2.728	2.032	1.691
35	2.438	1.690	1.306	2.724	2.030	1.690
36	2.434	1.688	1.306	2.719	2.028	1.688
37	2.431	1.687	1.305	2.715	2.026	1.687
38	2.429	1.686	1.304	2.712	2.024	1.686
39	2.426	1.685	1.304	2.708	2.023	1.685
40	2.423	1.684	1.303	2.704	2.021	1.684
60	2.390	1.671	1.296	2.660	2.000	1.671
100	2.364	1.660	1.290	2.626	1.984	1.660
150	2.351	1.655	1.287	2.609	1.976	1.655
∞	2.326	1.645	1.282	2.576	1.960	1.645

注：臨界値の算出には統計解析環境 R の関数 pt および，関数 pnorm を利用しています。

3. χ^2 分布表（片側検定の臨界値）

自由度	有意水準 1%	有意水準 5%	有意水準 10%
1	6.635	3.841	2.706
2	9.210	5.991	4.605
3	11.345	7.815	6.251
4	13.277	9.488	7.779
5	15.086	11.070	9.236
6	16.812	12.592	10.645
7	18.475	14.067	12.017
8	20.090	15.507	13.362
9	21.666	16.919	14.684
10	23.209	18.307	15.987
11	24.725	19.675	17.275
12	26.217	21.026	18.549
13	27.688	22.362	19.812
14	29.141	23.685	21.064
15	30.578	24.996	22.307
16	32.000	26.296	23.542
17	33.409	27.587	24.769
18	34.805	28.869	25.989
19	36.191	30.144	27.204
20	37.566	31.410	28.412
21	38.932	32.671	29.615
22	40.289	33.924	30.813
23	41.638	35.172	32.007
24	42.980	36.415	33.196
25	44.314	37.652	34.382
26	45.642	38.885	35.563
27	46.963	40.113	36.741
28	48.278	41.337	37.916
29	49.588	42.557	39.087
30	50.892	43.773	40.256
31	52.191	44.985	41.422
32	53.486	46.194	42.585
33	54.776	47.400	43.745
34	56.061	48.602	44.903
35	57.342	49.802	46.059
36	58.619	50.998	47.212
37	59.893	52.192	48.363
38	61.162	53.384	49.513
39	62.428	54.572	50.660
40	63.691	55.758	51.805

注：臨界値の算出には統計解析環境Rの関数 qchisq を利用しています。

各章の Quiz の解答

第 1 章：Answer

問 1. C
問 2. （あ）＝測定，（い）＝尺度，（う）＝変数
問 3. 名義尺度：出身学部が文学部なら「1」，経済学部なら「2」を与える。
　　　順序尺度：徒競争の着順から，「1」「2」「3」…を与える。
　　　間隔尺度：「学力」の高低に応じて，0 から 100 までの得点を 1 点刻みで与える。
　　　比率尺度：天窓から見える鳥の数を「0」「1」「2」…とカウントする。
問 4. B
問 5. 測定値が測定対象の順序性しか保持していない（順序尺度でしかない）可能性があるのに，測定値間の和や差を計算してしまう。
問 6. C と D
問 7. 絶対温度では摂氏 30 度÷摂氏 15 度＝ 2 とはならない。

第 2 章：Answer

問 1. （あ）＝ 24，（い）＝ 22.5，（う）＝ 20 と 30，（え）＝ 144，（お）＝ 12，（か）＝ 24，（き）＝ 20，（く）＝ 20，（け）＝ 169，（こ）＝ 13
問 2. E　　問 3. A　　問 4. B　　問 5. C　　問 6. C

第 3 章：Answer

問 1. （あ）＝－19，（い）＝ 1.615，（う）＝ 46.923，（え）＝ 169，（分散の解釈）：偏差に変換しても分散は不変である。
問 2. 除法（割り算）の意味は，分母を 1 とした場合の，分子の値の倍率を求めることである。したがって，標準偏差を 1 としたときの各偏差がその何倍かを表現するためにこのような変換を利用する。分母の標準偏差を 1 に基準化しているので，z 得点の標準偏差は 1 に調整される。
問 3. $z \times 500 + 100$
問 4. 分布の形状は変わらない。z 得点も偏差値も同一の測定対象に数値を割り振るルールを変更するだけ。
問 5. ④はヒストグラムで縦軸は相対度数であり，その和が 1 になる，⑤は確率分布であり，その面積は 1 になる。
問 6. 0.1587（1 以上の出現確率）－0.0668（1.5 以上の出現確率）＝ 0.0919
問 7. 殿堂入りしている。

第 4 章：Answer

問 1. （あ）＝－59.5，（い）＝－0.875
問 2. D　　問 3. A　　問 4. A　　問 5. C
問 6. 標準化しても分布の形状は変わらないので相関係数は 1。
問 7. サッカーのゴール数と負け数に正の相関がある。これは試合数が第 3 の変数となっている。
問 8. D
問 9. 連関がある場合には，クロス集計表の行方向の割合の分布が行によって異なるが，連関がない場合には，行によらず一定となる。

第 5 章：Answer

問 1. B　　問 2. C　　問 3. A　　問 4. B　　問 5. D
問 6. D　　問 7. C　　問 8. D　　問 9. A

第6章：Answer

問1. B　　問2. B　　問3. E　　問4. D　　問5. C　　問6. B
問7. D　　問8. $z = (60-50)/(5/10) = 20$（有意差あり）　　問9. C

第7章：Answer

問1. （あ）= 162, （い）= 172.5, （う）= 181, （え）= 19
問2. C　　問3. B　　問4. （あ）= 0.793, （い）= 0.089
問5. 0.025　　問6. 区間 [49.01, 50.99]
問7. 95％信頼区間とは，標本を抽出し，そのつど1信頼区間を求めるということを繰り返して行ったとき，その95％が母平均を含んでいるような区間であって，1つの標本で得られた区間に母平均が含まれる確率は考えることができない。

索　引

ア　行

α（アルファ）　86
アンケート　8
1変数分布　19
異文化心理学　80
SD　26, 29
SE　73
折れ線グラフ　23

カ　行

χ^2 検定　108
χ^2 値　105
χ^2 分布　75, 109
χ^2 分布表　123
華氏温度計　13
間隔尺度　9, 11, 12
　　——の計算　14, 15
　　——の性質　12
観測度数　59
棄却　83
棄却域　90
　　有意水準5%の——　90
危険率　90
記述統計　5, 68, 69
基準集団　65, 66
期待度数　104
　　——の求め方　105
帰無仮説　83, 93, 107, 109
帰無分布　85
行　7
共分散　50, 69
　　——が0になる場合　52
　　——の計算過程（z得点に変換した後の）　53
　　——の欠点　52
　　——の求め方　51
　　——は単位に依存する　52
区間推定　111, 115
クロス集計表　59, 60
研究結果の一般性　5
検定　81
　　——の概念図　82
　　片側——　83, 87

両側——　83, 88
検定結果の解釈　91
行動　2
誤差　70
個人差　19, 31

サ　行

採択　83
最頻値　23, 24, 25
算術平均値　23
散布図　48, 49
　　——と相関係数の対応　54
　　異なる集団が含まれている——　56
　　右上がりの——　49, 50, 54, 55
　　右下がりの——　49, 55
散布図行列　57
散布度　26, 29
質問紙　8, 9
四分位数　99
四分位範囲　100
社会心理学　80
尺度　8
尺度得点　19
自由度　94, 108
　　——の求め方　94, 109
順序尺度　9, 10
　　——の計算　14
証拠の信憑性　85
職場環境とストレス　47
診断基準　65
信憑性評価　84
シンプソンのパラドックス　57
信頼区間　99
　　——の解釈　114
　　——の求め方　113
　　95%——　112
　　99%——　114
　　母標準偏差が未知のときの——　115
　　母平均の95%——　113
心理尺度　19
心理的現象　1, 2
心理量　15

推測統計　　6, 64, 68, 69
推測の誤差　　90
推定　　70
　　——と検定の違い　　81
　　——の概念図　　82
推定値　　70
スティーブンス (Stevens, S. S.)　　9, 10
n（スモールエヌ）　　67
正規分布　　36, 40, 41, 43, 68
摂氏温度計　　13
切断効果　　57
z 検定（1つの平均値の）　　81, 87, 88
z 得点　　37, 43
　　——の求め方　　37
　　——への変換式　　87
セル　　6
尖度　　102
相関　　48, 49
　　完全な正の——　　53
　　疑似——　　58
　　逆 U 字型——　　56
　　曲線的な——　　56
　　正の——　　48, 49
　　層別——　　57
　　直線的な——　　56
　　負の——　　49
　　無——　　49
　　U 字型——　　56
相関行列　　57
相関係数　　50, 53, 69
　　——の解釈　　54, 55
　　——の検定　　107
　　——の求め方　　54
相対度数　　40
　　——のヒストグラム　　41
相対度数分布　　68
測定　　8
測定値　　8
測定値間の計算　　14

タ　行

第 1 四分位数　　99
第 1 種の誤り　　90
第 2 四分位数　　99
第 2 種の誤り　　90, 91
第 3 四分位数　　99
代表値　　23
　　——の抵抗性　　24
対立仮説　　83, 84, 93, 107, 109

対立分布　　91
多変数の関係性　　47
単純無作為抽出　　67
中央値　　23, 24, 32, 99
t 検定（1つの平均値の）　　81, 93
抵抗性　　25
t 値　　94, 108
t 分布　　94
t 分布表　　122
　　——の使い方　　95
df　　94
データ　　8
　　——と偏差の関係　　28
　　——の散らばり　　26
データ行列　　6, 7, 20
点推定　　111, 115
統計的仮説検定　　81
度数　　14
度数分布表　　21

ハ　行

背理法　　83
箱ヒゲ図　　100, 101
外れ値　　24
パーセンタイル　　99, 100
ヒストグラム　　22
左に裾が重い　　33
p 値　　86
ビッグファイブモデル　　19
　　——の 5 分類　　19
標準化　　36, 38, 42
標準誤差　　73
　　——の求め方　　73, 74
標準正規分布　　42, 43
標準正規分布表　　42, 120, 121
　　——の見方　　42
標準得点　　37, 40
標準偏差　　26, 31, 37, 69
　　——の求め方　　29
評定尺度　　15
標本　　66, 67
標本サイズ　　67, 93
標本相関係数　　70
標本抽出　　67
標本抽出法　　67
標本標準偏差　　70
標本比率　　110
　　——の標準誤差　　110, 111
　　——の標準誤差の求め方　　111

標本分散　69, 70
　　――の標本分布　75
標本平均　69, 70, 112
　　――の標準誤差　73, 76
　　――の標本分布　71, 72
　　――の不偏性　72
　　証拠としての――　84
比率尺度　9, 13
　　――の計算　14
比率の推定　110
物理量　13
不偏性　72
不偏分散　69, 74
　　――の標本分布　76
　　――の求め方　75
分散　26, 29
　　――と分布の対応　26, 27
　　――の計算過程　28
　　――の求め方　27
分布　6, 8
　　――の中心　23
平均値　23, 31
平均偏差　33
β（ベータ）　91
　　――との関係　92
偏差　27, 37
　　――の積　52
　　――の積和　51
　　――の求め方　27
偏差値　38, 39, 43
偏差平方和　28
変数　6, 8
　　質的――　59
　　第3の――　58, 60
　　量的――　48
変数名　6
偏相関係数　58, 103
　　――の求め方　103
棒グラフ　21
母共分散　69
母集団　66
　　――と標本の関係　67
　　――の得点分布　68
母集団分布　69, 75

母数　69, 70
母相関係数　69, 70
母標準偏差　69, 70, 93
　　――の求め方　70
母比率　110
母分散　69, 70
　　――の推定　75
母平均　69, 70, 111
　　――の区間推定　115
　　――の推定　69
　　対立分布の――　93

マ 行

右に裾が重い　33
名義尺度　9, 10
　　――の計算　14
メートル法　13
メンタルヘルス　47

ヤ 行

有意確率　86
有意差　86, 87
有意水準　86
　　――と標本サイズ　91

ラ 行

N（ラージエヌ）　66
離散変数　21, 22
臨界値　90
　　片側検定のための――　95
　　両側検定のための――　95
レア度　85, 86
列　7
連関　58, 59
　　――の解釈　60
　　無――　60
連関係数　104
　　――の検定　108
　　クラメールの――　106
連続変数　22

ワ 行

歪度　102

著者紹介

川端一光（かわはし　いっこう）

【第 1 著者：写真左】
1977 年生まれ。
早稲田大学大学院文学研究科博士課程単位取得退学。現在，明治学院大学心理学部准教授，博士（文学）
専門：教育測定学・心理統計学
主分担著書：『回帰分析入門：R で学ぶ最新データ解析』東京図書 2012 年，『共分散構造分析：構造方程式モデリング［数理編］』朝倉書店 2012 年，『項目反応理論［中級編］』朝倉書店 2013 年，『共分散構造分析：構造方程式モデリング［R 編］』東京図書 2014 年

読者の皆さんへ：
　みんなともっと仲良くなりたいけれど，体全体が長いトゲで覆われていて自分から不用意に近づけないし，みんなも近づきがたい。長いトゲをカットすれば，自分もみんなも近づきやすくなるのかな，と思ってカットすると，今度は自分らしさがなくなってしまう。「今の君のままでいいよ」と言ってくれる人もいるけど，自分はもっとみんなと仲良くなりたいな。そんな，「ヤマアラシの気持ち」になって本書を書きました。

荘島宏二郎（しょうじま　こうじろう）

【シリーズ編者・第 2 著者：写真右】
1976 年生まれ。
早稲田大学大学院文学研究科博士課程単位取得退学。現在，大学入試センター研究開発部准教授，博士（工学）
専門：心理統計学，多変量解析，教育工学
主著書：『学力：いま，そしてこれから』（共著）ミネルヴァ書房 2006 年，『学習評価の新潮流』（共著）朝倉書店 2010 年

読者の皆さんへ：
　夜空の遠くの星を眺めたいと思えば良い天体望遠鏡が必要です。ちいさいちいさい微生物を観察したいと思えば良い顕微鏡が必要です。心理を深く探究するには良い心理の道具が必要です。見えないココロを可視化する道具のひとつが心理統計です。ココロの世界を楽しんで探検するために，この本で準備してくれるとうれしいです。

心理学のための統計学 1

心理学のための統計学入門 ── ココロのデータ分析

2014年 8 月20日　第 1 刷発行
2025年 4 月15日　第11刷発行

著　者　　川　端　一　光
　　　　　荘　島　宏二郎
発行者　　柴　田　敏　樹
印刷者　　日　岐　浩　和

発行所　株式会社　誠信書房
〒112-0012　東京都文京区大塚 3-20-6
電話　03(3946)5666
http://www.seishinshobo.co.jp/

Ⓒ Ikko Kawahashi, Kojiro Shojima, 2014
印刷所／中央印刷　製本所／協栄製本
検印省略　落丁・乱丁本はお取り替えいたします
ISBN 978-4-414-30187-8 C3311　Printed in Japan

JCOPY ＜出版者著作権管理機構 委託出版物＞
本書の無断複写は著作権法上での例外を除き禁じられています。
複写される場合は，そのつど事前に，(社)出版者著作権管理機構
(電話 03-5244-5088, FAX 03-5244-5089, e-mail：info@jcopy.or.jp)
の許諾を得てください。

心理学のための統計学シリーズ

荘島宏二郎 編

- 統計の基礎から応用までをおさえた，全9巻シリーズついに登場！
- 個別の心理学分野に合わせ，優先度の高い統計手法を取り上げて解説。
- 本文は，視覚的にもわかりやすい2色刷り。
- 各巻の各章は，90分の講義で説明できる内容にて構成。文系の学生を意識し，数式の多用を極力抑え，豊富な図表でわかりやすく説明した，心理学を学ぶ人に必須の統計テキストシリーズ。

各巻 B5 判約 140-160 頁

1 心理学のための統計学入門：ココロのデータ分析（川端一光・荘島宏二郎著）2100円

2 実験心理学のための統計学：t 検定と分散分析（橋本貴充・荘島宏二郎著）2600円

3 社会心理学のための統計学：心理尺度の構成と分析（清水裕士・荘島宏二郎著）2800円

4 教育心理学のための統計学：テストでココロをはかる（熊谷龍一・荘島宏二郎著）2600円

5 臨床心理学のための統計学：心理臨床のデータ分析（佐藤寛・荘島宏二郎著）

6 パーソナリティ心理学のための統計学：構造方程式モデリング（尾崎幸謙・荘島宏二郎著）2600円

7 発達心理学のための統計学：縦断データの分析（宇佐美慧・荘島宏二郎著）2600円

8 消費者心理学のための統計学：市場調査と新商品開発（齋藤朗宏・荘島宏二郎著）2800円

9 犯罪心理学のための統計学：犯人のココロをさぐる（松田いづみ・荘島宏二郎著）2600円

価格は税別

本書にはCD（別売）があります

English First Starter
大学英語の総合的アプローチ：入門編

2014年1月20日 初版第1刷発行
2022年9月5日 初版第16刷発行

著者　Robert Hickling
　　　日臺美重

発行者　福岡正人

発行所　株式会社　金星堂

（〒101-0051）東京都千代田区神田神保町 3-21
Tel. (03) 3263-3828 (営業部)
(03) 3263-3997 (編集部)
Fax (03) 3263-0716
http://www.kinsei-do.co.jp

編集担当　建疋由布子

印刷所・製本所／秋楽印刷株式会社

Printed in Japan

本書の無断複製・複写・録音は著作権法上での例外を除き禁じられています。本書を代行業者等の第三者に依頼してスキャンやデジタル化することは、たとえ個人や家庭内での利用であっても認められておりません。

落丁・乱丁本はお取り替えいたします。

ISBN978-4-7647-3969-7 C1082